ALMA
MATERIAL

Lucciole 2

Émilie Notéris
Alma material
Alma matériau

© Paraguay, 2020
© Âyiné, 2024

Tradução:
Fernanda Morse

Edição:
Livia Azevedo Lima
Giulia Menegale

Preparação:
Camila Moura

Revisão:
Rafaela Biff Cera
Andrea Stahel

Fotografia da capa:
Moyra Davey,
White Tanks (single image), 1979

Projeto gráfico:
OAZA / Maša Poljanec

Lucciole logo:
Neva Zidić

ISBN: 978-65-5998-114-4

Âyiné

Direção editorial:
Pedro Fonseca

Coordenação editorial:
Luísa Rabello
Sofia Mariutti

Coordenação de comunicação:
Clara Dias

Direção de arte:
Daniella Domingues

Assistência de design:
Rita Davis

Conselho editorial:
Simone Cristoforetti
Zuane Fabbris
Lucas Mendes

Praça Carlos Chagas, 49
2º andar. Belo Horizonte, MG
30170-140

+55 31 3291-4164
www.ayine.com.br
info@ayine.com.br

ALMA
MATERIAL

ÉMILIE
NOTÉRIS

Âyiné

Há uma palavra em italiano, affidamento, *que descreve a relação de confiança entre duas mulheres, na qual a mais jovem pede à mais velha que a ajude a conquistar algo que deseja. As mulheres que conheço viram-se para ver se essa mulher está aqui. A mulher que se vira é a revolução. A sala é gigantesca; a mulher está aqui.*

Eileen Myles, «The Lesbian Poet»[1]

[...] cada cômodo da casa pode ser considerado feminista [...]. O feminismo está onde ele precisa estar. O feminismo deve estar em toda parte.

Sara Ahmed, *Living a Feminist Life*[2]

She whom they call mother, I seek.

M. NourbeSe Philip, *She Tries Her Tongue, Her Silence Softly Breaks*[3]

---

1 Salvo menção em contrário, as traduções para o português foram feitas diretamente do original francês ou das versões em francês realizadas pela autora. O poema de Eileen Myles, escrito em maio de 1994 para o «Revolutionary Poetry Symposium» do St. Mark's Poetry Project em Nova York, se encontra em E. Myles, *School of Fish*. Santa Rosa: Black Sparrow, 1997.

2 S. Ahmed, *Living a Feminist Life*. Durham: Duke University Press, 2017.

3 M. N. Philip, *She Tries Her Tongue, her Silence Softly Breaks*. Middletown (Connecticut): Wesleyan University Press, 2015.

I don't hate you. I'm not your mother.

- 11 *HERSTORICAL SCROLL*
- 26 «É SEMPRE OK ESCREVER SOBRE AS MÃES»
- 43 I – EM BUSCA DO JARDIM DE NOSSAS MÃES
- 59 II – DEVOLVER OS PÉS DA MESA À FLORESTA À QUAL PERTENCEM
- 73 III – MATAR O ANJO DO LAR
- 83 IV – CANIBALIZAR O ANJO DO LAR
- 96 V – MUDAR DE NOME
- 103 VI – MAIS DO QUE A SOMA DE NOSSAS PARTES
- 121 VII – A FABULAÇÃO CRÍTICA
- 145 VIII – O EU NO TU
- 163 IX – *EXCLUDE ME IN – INCLUDE ME OUT*

X – NÃO SE PREOCUPE, SÓ VOU LER PRA VOCÊ AS MELHORES PARTES

Herstorical scroll

Em 1913, VALENTINE apresenta, no Teatro Léon Poirier, a obra *Métachorie*, que se pretende uma «fusão de todas as artes». *J'écris ma dance graphiquement, comme une partition d'orchestre* [Escrevo minha dança graficamente, como a partitura de uma orquestra].

No mesmo ano, IMOGEN publica um manifesto feminista da fotografia.

Em 1914, Blaise escreve um poema em homenagem à pintora SONIA. *Sur la robe, elle a un corps* [Sobre o vestido, ela tem um corpo].

Em 1915, SOPHIE encontra Jean e participa do movimento dadá.

Em 1916, JEANNE pinta seu autorretrato, olhos circundados de azul, um coque gigantesco pairando sobre a cabeça. Ela foi apelidada de «polpa de coco» devido ao tom da sua pele.

Em 1917, CHANA ilustra com suas esculturas o livro de seu marido poeta.

Em 1918, MARIE descobre que Guillaume morreu sob o retrato que ela havia pintado dele com suas amigas e amigos em 1911, e que estes o haviam pendurado acima do seu leito no hospital.

Em 1919, MARTHA aparece de perfil em uma fotografia em preto e branco, congelada em uma pose coreográfica de inspiração asteca, na ponta dos pés. Um cinto com guizos de metal a envolve.

Em 1920, CLAUDE se fotografa com um terno de homem, cabelo raspado, uma mão no quadril, a outra com o punho cerrado, olhando para a câmera.

Em 1921, SUZANNE pinta o retrato de Maurice.

Em 1922, HANNAH desenha *Esquisse pour un monument d'une importante chemise à dentelle*.

Entre 1922 e 1923, ISADORA balança uma echarpe vermelha que usa sobre o peito em sua última viagem aos Estados Unidos, gritando *This is red! So Am I!* Ela morreria alguns anos depois, estrangulada por um lenço branco preso entre as rodas de seu carro.

Em 1924, BERENICE fotografa DJUNA de frente, no centro da imagem, seus dedos segurando a gola preta do casaco contra a gola branca da camisa.

No mesmo ano, TARSILA dá início a uma série de pinturas intitulada *Pau-Brasil*, após uma viagem ao estado brasileiro de Minas Gerais, que inspiraria o primeiro manifesto modernista da arte brasileira.

Em 1925, TAMARA pinta seu autorretrato num carro verde. Trata-se de um Bugatti.

Em 1926, JOSEPHINE causa escândalo, dançando com os seios à mostra e uma saia feita de bananas.

Em 1927, GERMAINE publica um livro de fotografias de estruturas metálicas e máquinas fabris.

No mesmo ano, LOTTE é a primeira mulher a concluir seus estudos na Academia de Berlim, onde lhe prenunciam uma grande carreira artística.

Em 1928, MARCELLE faz uma breve passagem pela Academia Ranson.

Em 1929, EMILY pinta uma igreja ameríndia branca sobre um fundo de vegetação tropical. *Do not try to do extraordinary things but do ordinary things with intensity.*

Em 1930, FLORENCE fotografa uma mulher com cicatrizes no rosto.

Em 1931, MARIA ELENA produz seu autorretrato em aguada de nanquim sobre papel. Uma frágil figura com ar sonhador.

Em 1932, LOUISE pinta o retrato de Diego. Ela também era amiga de FRIDA.

Em 1933, BARBARA produz uma escultura de mármore que consiste em duas formas orgânicas encaixadas uma na outra.

Em 1934, ROGI faz uma série de fotografias do corpo nu de JACQUELINE, bailarina de balé aquático, em um aquário.

No mesmo ano, CHARLEY faz seu autorretrato com uma paleta de pintura ao fundo, flutuando atrás de sua cabeça como uma auréola.

Em 1935, DOROTHEA é encarregada de tomar notas, conversar com migrantes e tirar fotografias na Califórnia. Ela é uma das 999 mulheres mencionadas na base da instalação de JUDY.

Em 1936, MERET cria louças de café da manhã cobertas de pele.

No mesmo ano, DORA pinta o retrato de Pablo.

Entre 1937 e 1938, LEONORA pinta um autorretrato no qual se representa de calças brancas, cabelos despenteados e um cavalo de balanço flutuando por cima dela.

Em 1939, LEONOR cria a cadeira-corset.

Em 1940, LEE fotografa uma capela que ela descreve como «não conformista». Sua entrada é bloqueada pelos escombros de um bombardeio.

No mesmo ano, LISETTE fotografa uma mulher obesa e feliz num maiô preto em Coney Island.

Em 1941, FRIDA posa em uma fotografia com a foice e o martelo comunistas pintados sobre o seu peito engessado.

No mesmo ano, CORINNE MICHELLE passa a se apresentar como Michael no trabalho e na vida a fim de ter acesso a mais oportunidades.

Em 1942, DOROTHEA se representa numa tela, seios à mostra, vestida com trapos vegetais, uma quimera a seus pés, um apartamento burguês como cenário.

Em 1943, MAYA faz um filme experimental de caráter simbólico, no qual vemos a aparição de um grande ceifador com um espelho no lugar do rosto.

Em 1944, LOIS MAILOU pinta o retrato de uma famosa atriz cubana.

Em 1945, DIANE se fotografa nua e grávida em frente ao espelho.

Em 1946, COLETTE, pintora e ilustradora, abre uma galeria com seu nome na rue de l'Assomption, 67, no 16º *arrondissement* de Paris.

Em 1947, JACQUELINE participa de uma grande exposição surrealista organizada por André na galeria Maeght.

Em 1948, REMEDIOS pinta um quadro surrealista representando uma jovem mulher de costas, a cabeça apoiada contra uma coluna, as mãos algemadas, uma faca fincada nas costas. Seu título é *Douleur rhumatismale* [Dor reumática].

Em 1949, WILHELMINA dá início a uma série de pinturas de geleiras.

Em 1950, AURÉLIE, pintora, publica um livro de poemas, em uma tiragem de quinhentos exemplares numerados, com duas xilogravuras originais, uma delas como frontispício. *Je voudrais que l'art puisse changer la vie intérieure, parler de force, de justice, d'énergie, de silence, d'amour* [Eu queria que a arte conseguisse transformar a vida interior, falar de força, de justiça, de energia, de silêncio, de amor].

Em 1951, MARIE participa, sob a direção de DENISE, de uma exposição itinerante que apresenta vinte artistas da École de Paris em Copenhague, Helsinki, Estocolmo, Oslo, Liège...

Em 1952, HELEN expõe uma pintura abstrata que a tornaria famosa, representando montanhas e o mar.

Em 1953, GRACE para de assinar suas pinturas como George para ser levada a sério.

Em 1954, UNICA publica um grimório de bruxa pela Galeria Springer em Berlim, contendo dez desenhos e dez anagramas. *Ich streue das weisse Nichts; ach, Weiss ist nichts.*

Em 1955, JOAN produz uma pintura expressionista abstrata sobre tela que ela define como uma «paisagem urbana». *To convey the feeling of the dying sunflower.*

Em 1956, ATSUKO constrói uma vestimenta matrimonial japonesa representando os sistemas vascular e nervoso com cores primárias em neon e a veste em uma apresentação em Osaka.

Em 1957, BIRGIT, aos oito anos de idade, assina seus desenhos como «BICASSO Jürgenssen».

Em 1958, GEORGIA pinta um sugestivo close-up de um lírio-dragão (*Arisaema triphyllum*), mas rejeita qualquer interpretação freudiana de sua obra. *If you take a flower in your hand and really look at it, it's your world for a moment.*

Em 1959, ANNA faz SIMONE dançar em uma peça coreográfica apresentada na San Francisco Playhouse. A chamada «dança do tronco» estabelece uma ligação entre a árvore e o corpo humano.

Em 1960, YAYOI posa ao ar livre com um cavalo baio, vestindo um macacão branco coberto de bolinhas pretas, e o cavalo é coberto de bolinhas brancas.

Em 1961, NIKI faz pinturas performáticas com uma espingarda. *J'ai tiré parce que j'aimais voir le tableau saigner et mourir* [Atirei porque gosto de ver o quadro sangrar e morrer].

Em 1962, MARTHA se envolve com os movimentos feministas e antiguerra.

Em 1963, PAULINE produz a primeira parte de um díptico que denuncia o registro da história de um ponto de vista exclusivamente masculino, com retratos que vão de Vladimir a Elvis, assim como elementos e atributos masculinos. A única presença feminina é a de JACKIE.

No mesmo ano, EMMA é a única mulher a integrar o grupo de artistas afro-estadunidenses Spiral, que acabara de se formar em apoio ao movimento pelos direitos civis.

Em 1964, YOKO senta-se sozinha no palco, imóvel, com sua melhor roupa. Uma tesoura é deixada à sua frente. O público é convidado a se aproximar e cortar, uma pessoa de cada vez, um pequeno pedaço das suas vestes: camisa, saia, sutiã... e levá-lo consigo. *Ba-ba-ba-ba, cut! Ba-ba-ba-ba, cut! Beautiful poetry, actually.*

Em 1965, SHIGETO, agachada, produz pinturas vermelhas com um pincel preso à sua calcinha.

Em 1966, YVONNE cria uma peça coreográfica na qual as dançarinas e os dançarinos executam movimentos complexos sem jamais olhar para o público.

Em 1967, LYGIA produz dois macacões de plástico azul, interligados e projetados para serem usados por um homem e uma mulher.

No mesmo ano, CHARLOTTE toca violoncelo com os seios à mostra, vestindo apenas uma saia preta brilhante que vai até o chão, na *Opera Sextronique*, sob as luzes do Carnegie Hall. Ela é acusada de atentado ao pudor.

Em 1968, VALIE anda pelas ruas de Viena com uma caixa acoplada ao seu peito como um dispositivo cinematográfico tátil. As pessoas que passam são convidadas a tocá-la. *This box is the movie theater, my body is the screen.*

No mesmo ano, ELIZABETH produz uma escultura de um punho cerrado em madeira de cedro.

Em 1969, BARBARA organiza um jantar de seis horas. Os participantes são vestidos com batas cirúrgicas e se alimentam com a ajuda de instrumentos cirúrgicos. O cenário inclui projeções de cirurgias.

No mesmo ano, DOROTHY escreve um livro de receitas de caráter altamente erótico e introspectivo.

No mesmo ano, JAE cria as *urban wall suits*, peças de roupas estampadas com tijolos coloridos que seriam apresentadas na primeira exposição AfriCOBRA no ano seguinte. *Clothes are like a flag. You should wear your revolution.*

Nesse mesmo ano, CORITA, membra da ordem católica das Irmãs do Imaculado Coração de Maria, em Los Angeles, e artista cobre uma fotografia de Martin com a seguinte frase escrita à mão: *King is dead. Love your brother*.

Em 1970, JOAN fica nua de pé dentro de uma galeria e, por meio de um espelho de bolso circular, convida os olhares a se fixarem sobre certas partes de seu corpo.

Nesse mesmo ano, JUDITH muda de sobrenome e substitui o de seu ex-marido pelo nome de uma grande cidade estadunidense. Ela posa com uma blusa estampada com seu novo nome no ringue de treinamento de Mohammed.

No mesmo ano, ALICE pinta um retrato a partir de uma fotografia de KATE, que se recusa a posar para ela. A pintura foi capa da revista *Time*.

Em 1971, LEE decide ignorar as mulheres por um ano. *Communication will be better than ever*.

Ela continua, no entanto, a falar com sua mãe.

No mesmo ano, BONNIE almoça uma refeição preparada por um famoso chef de São Francisco em uma jaula do zoológico da cidade.

No mesmo ano, NANCY escreve para Lucy: *The enemies of Women's Liberation in the Arts will be crushed. Love*.

Em 1972, ANA aos poucos transfere a barba de um estudante para o seu próprio rosto.

No mesmo ano, REBECCA fabrica uma máscara preta modelo BDSM coberta de lápis como se fossem espinhos, com os quais ela desenha movendo o rosto sobre a parede.

No mesmo ano, ANNETTE fotografa as braguilhas de homens na rua.

No mesmo ano, BETYE pinta um arco-íris em acrílica sobre couro. Seu trabalho é considerado por ANGELA o catalisador do movimento Black Power.

Em 1973, ELEANOR fotografa-se nua de pé, de frente e de lado, à direita e à esquerda, todos os dias, de 15 de julho a 21 de agosto, documentando o projeto de esculpir seu corpo a partir da manutenção de uma dieta.

Em 1974, **MARINA** permanece parada por seis horas diante de uma plateia que dispõe de um conjunto de 72 objetos colocados sobre uma mesa que podem intervir sobre o seu corpo de diferentes maneiras. Uma rosa, uma pena, mel, um revólver carregado com uma bala, uma lâmina de barbear, vinho... *I am the object. During this period I take full responsibility.*

No mesmo ano, **LYNDA** posa nua, com pele brilhando de óleo, óculos de sol e um pênis postiço na *Artforum*, como um convite para sua exposição. *It was mocking sexuality, masochism and feminism.*

Em 1975, **CAROLEE**, nua sobre uma mesa, lê um texto escrito sobre um rolo de papel que ela extrai da sua vagina.

Nesse mesmo ano, **ADRIAN** se veste como um jovem racializado, com uma camiseta preta, uma peruca afro, óculos escuros e um bigode à la Zappa, e anda pelas ruas. *I embody everything you most hate and fear.*

Nesse mesmo ano, **ULRIKE** dispara quinze flechas contra um alvo com a reprodução em preto e branco da pintura *La Madone au buisson de roses* [A virgem do jardim das rosas] de Stephan Lochner. Uma câmera posicionada atrás do alvo perfurado documenta a cena. Seu rosto, assim, se sobrepõe ao da Madona. *Je suis une madone. Je suis une amazone. Je suis une vénus. Je suis toutes ces femmes et aucune à la fois* [Sou uma madona. Sou uma amazona. Sou uma vênus. Sou ao mesmo tempo todas essas mulheres e nenhuma].

Três anos antes, em 1972, ela havia se amarrado à sua filha **JULIA** com ataduras como parte de outro vídeo: *My little daughter sits on my lap. Accompanied by the musical sounds of breathing, I tie us together with transparent gauze bandages. We are in any case inseparably joined.*

Em 1976, **HANNAH** faz um striptease atrás da escultura de Marcel, *La Mariée mise à nu par ses célibataires, même* [A noiva despida pelos seus celibatários, mesmo].

Ela veste um terno de cetim branco do tipo YSL e um chapéu-panamá.

No mesmo ano, COSEY expõe seus absorventes usados e suas fotos publicadas em revistas pornográficas no ICA em Londres. Sua mãe nunca mais falaria com ela. *My actions are myself and not a projected character for people's entertainment. When I am gone, they are yours.*

Em 1977, SUZANNE e LESLIE reagem ao tratamento midiático dado ao caso do *Hillside Strangler* [«estrangulador da colina»], reunindo sessenta mulheres vestidas de preto e vermelho em frente à prefeitura de Los Angeles, gritando *In memory of our sisters, we fight back!*

Em 1978, LOUISE usa uma roupa de látex composta de uma infinidade de formas que se assemelham a seios – e a testículos – para performar um trabalho intitulado *Banquet*.

Em 1979, SANJA lê um livro em sua sacada enquanto bebe uísque e simula uma masturbação durante a passagem da comitiva do presidente Josip, pressentindo que seria observada pela polícia. *My assumption is that this person has binoculars and a walkie-talkie.*

Entre 1979 e 1980, MIERLE percorre os 55 aterros sanitários de Nova York apertando as mãos de mais de 8.300 trabalhadores e agradecendo-lhes por garantir a higiene e a sobrevivência da cidade.

Em 1980, DIAMELA inflige cortes e queimaduras a si mesma na frente de um prostíbulo antes de entrar para ler trechos de um romance que escrevia. *These signs, by way of contrast, do not resolve but only make manifest the dichotomy that [...] exists between the maltreated body and its submission to the model of appearances.*

No mesmo ano, KIT e SHERRY usam um satélite da Nasa para criar um dispositivo audiovisual de comunicação pública e automática entre Nova York e Los Angeles. Durante três dias, pessoas geograficamente muito distantes puderam interagir livremente por meio de imagens em tamanho real. Não foi feita nenhuma publicidade além do boca a boca.

No mesmo ano, HOWARDENA faz um vídeo chamado *Free, White and 21*. Nele, ela narra várias situações, desde sua infância até sua vida adulta, em que vivenciou racismo, humilhação, desvalorização, invisibilização e rejeição por parte de mulheres brancas.

Em 1981, SOPHIE pede à sua mãe que contrate um detetive particular para segui-la.

Em 1982, BARBARA produz uma obra sobre a qual está escrito *You are seduced by the sex appeal of the inorganic*. A imagem em preto e branco mostra duas luvas vazias, uma de homem e outra de mulher, cumprimentando-se.

Nesse mesmo ano, MAREN coleta delicadamente dejetos no Central, Van Cortlandt e Prospect Park (papéis, copos plásticos, bitucas de cigarro...) e os pinta de rosa. Depois, ela volta para devolvê-los com a mesma delicadeza, vestida de rosa.

Entre 1983 e 1984, LINDA esteve ligada a um homem por uma corda de oito metros sem nunca tocá-lo.

Em 1984, CINDY aparece numa fotografia em que ela está curvada dentro do enquadramento, com um vestido listrado amarelo e vermelho, latinha e cigarro na mão, sorriso forçado e rosto pálido, enrugado como se ligeiramente queimado, sorriso torto. *I'm trying to make other people recognize something of themselves rather than me.*

No mesmo ano, NAN produz um autorretrato no qual se representa «um mês depois de ter apanhado». Batom escarlate, olho roxo. *I didn't care about «good» photography, I cared about complete honesty.*

Em 1985, MARTHA interpreta NANCY, primeira-dama do 40º presidente dos Estados Unidos, em um vídeo de performance político-drag.

Em 1986, PIPILOTTI se apropria de clipes da música pop e dança de frente para a câmera com um vestido bem aberto mostrando os seios. A imagem distorcida parece acelerada. A sequência dura cinco minutos e dois segundos.

No mesmo ano, LYNN produz uma série de fotos em preto e branco; em uma delas, está ajoelhada, uma mão à sua frente, a outra tentando alcançar o público; sua cabeça é substituída por uma câmera analógica. *I do not see risks ever, I only see opportunities and the implications of not taking them, and the need for courage and vision.*

Em 1987, JANA cria um vestido de carne seca e salgada que ela veste para uma fotografia e depois o expõe.

Em 1988, HELEN produz grandes pinturas das células infectadas de seu próprio corpo. *At its most intimate, the abolition of frontiers renders my body up as cells and tissues.*

Em 1989, ANNIE convida o público a observar seu colo uterino através de um espéculo inserido em sua vagina.

Em 1990, JEANNE fotografa uma moça com a boca atravessada por uma língua enorme e vermelha.

Em 1991, LAURA fotografa seu corpo obeso, lésbico e latino de forma documental, sentada nua em uma poltrona diante de um ventilador. *I'm a large woman, I'm not supposed to be comfortable with myself.*

Em 1992, RACHEL cobre a musculatura de corpos masculinos com batom vermelho e os pressiona contra o chão sobre um papel para registrar nele as suas marcas.

No mesmo ano, ZOE escreve *I want a Dyke for President. I want a person with aids for president.*

Em 1993, JANINE entra em uma banheira cheia de banha e deixa ali a marca do seu corpo. Em seguida, ela mistura com soda o excesso de banha que transbordou com a sua entrada para fazer um sabonete com o qual se limpa.

Em 1994, MONA realiza uma videoinstalação feita de colonoscopias do seu próprio corpo.

Em 1995, SARAH veste uma mesa com uma camiseta branca, adiciona melões como se fossem seus seios e pendura um peixe defumado embalado a vácuo na outra extremidade.

Em 1996, TRACEY se isola por duas semanas em uma galeria de Estocolmo com a intenção de dar fim ao seu bloqueio em relação à pintura. O público pode observá-la através de um olho mágico com lente olho de peixe.

No mesmo ano, ELKE toma um banho no Kunsthalle de Viena e em seguida se masturba sobre um colchão com a ajuda de um vibrador.

No mesmo ano, EGLE nada no mel em posição fetal, respirando com a ajuda de uma mangueira umbilical.

Em 1997, COCO transforma uma galeria numa casa funerária em memória de personalidades latinas que só foram celebradas após sua morte e cujos restos mortais ela personifica. *I sought to perform this ultimate expression of female will by feigning death.*

No mesmo ano, MOYRA fotografa seus seios entupidos de leite e em seguida publica a foto na revista feminista-queer *LTTR*, de K8, GINGER e EMILY.

Em 1998, KIKI produz uma escultura em bronze com uma cabeça de boceta e uma cauda de polvo. *Octapussy. I first had no interest in figuration whatsoever.*

Em 1999, RACHEL reproduz estantes de biblioteca em gesso odontológico branco.

Em 2000, ROSEMARIE produz uma escultura, um pompom gigantesco de lã vermelha e branca de dois metros de diâmetro.

Em 2001, VAGINAL conhece HANNAH no *Rich and Famous Festival*, onde performa o seu trabalho *Sucking Her Unborn Cock* [Chupando seu pau não nascido].

No mesmo ano, TRISHA monta um cavalo em uma galeria em Nova York, anunciando que Napoleão entrega as armas.

Em 2002, RINEKE fotografa uma adolescente de cabelos pretos, membra das forças aéreas israelenses, com a dragona esquerda aparentemente rasgada.

Em 2003, DORA escreve com letras de ouro *reality is a very persistent illusion*, uma frase de Albert tirada de contexto.

Em 2004, K8 vestida de branco faz movimentos de ginástica gritando *I am happy; I am here; I am hurt. I'm ready!* sobre o fundo de uma projeção do enterro de Andreas, Gudrun e Jan-Carl em 27 de outubro de 1977.

Em 2005, VANESSA expõe corpos de jovens nuas como se fossem bolsas de mão sobre as estantes da loja Louis Vuitton do Champs-Élysées.

Em 2006, CHANTAL realiza um documentário sobre Israel, um resumo dos dias que passou reclusa em um apartamento em Tel Aviv.

Em 20007, DOMINIQUE apresenta seu trabalho no Museu de Arte Moderna da Cidade de Paris. Não se trata de uma exposição, mas de um dispositivo.

Em 2008, EIJA-LIISA produz uma instalação em várias telas intitulada *Where is Where?* [Onde é onde?], tendo como ponto de partida um acontecimento da guerra da Argélia: quarenta argelinos foram arrancados da cama e executados por soldados franceses. Em represália, um francês foi assassinado por seus companheiros de brincadeira argelinos.

Em 2009, MONA produz uma instalação impenetrável composta de uma centena de fios de arame farpado suspensos por linhas de pesca.

Em 2010, LILI dirige sua mãe em uma peça afrofuturista inspirada na experiência vivida por seus pais em uma apresentação de Sun Ra and his Arkestra na fundação Maeght em Saint-Paul- de-Vence em 1970. *Ma mère est un perroquet, ce qui ne fait pas de moi un oiseau* [Minha mãe é um papagaio, o que não faz de mim um pássaro].

Em 2011, TACITA produz um filme em 35 mm intitulado *Film*, em homenagem à morte desse suporte.

Em 2012, JENNY começa a trabalhar em uma tela fazendo referência a uma pintura célebre da história da arte realizada por um homem e propõe uma versão em que figuram dois corpos de mulheres deitadas, nuas, uma contra a outra. Uma de pele clara, outra de pele escura. *I want to be a painter of modern life, and modern bodies.*

Em 2013, REENA produz uma série de retratos a óleo de profissionais das artes intitulada *Les Nouveaux Marchands* [Os novos comerciantes]. Impressos e dispostos em prateleiras para cartões-postais, são assim distribuídos ao público.

Em 2014, LORNA produz uma colagem realçada com tinta. A cabeça da mulher foi recortada de uma publicidade da revista afro-estadunidense *Ebony* datada dos anos 1960-70.

Em 2015, EMILY apresenta uma passagem de seu texto *Uncounted*, que é tema de uma série de performances de 2014 até hoje. *If only a wave never counted. Measured if a threat.*

Em 2016, CANDICE dirige JULIANNE e Alec, que interpretam cada um três testemunhos extraídos de entrevistas com refugiadas e refugiados, ativistas queer, crianças-soldados e dissidentes políticos sobre um fundo verde.

Em 2017, ROSALIND dirige um filme sobre sua mãe e sua filha, ELISABETH e VIVIAN, ambas artistas, que vivem na selva guatemalteca.

Em 2018, a fim de questionar as representações sexistas das mulheres na coleção museográfica, SONIA remove *Hylas et les Nymphes* da Manchester Art Gallery e deixa uma mensagem colada na parede: *This gallery presents the female body as either a «passive decorative form» or a «femme fatale». Let's challenge this Victorian fantasy!*

No mesmo ano, SARAH declama nua o texto que você está lendo, no anfiteatro de honra da Escola de Belas-Artes de Paris, com *La Renommée distribuant les couronnes*

[Renomada distribuição das coroas] ao fundo, afresco pintado em 1841, representando «os artistas mais célebres de todos os tempos», a saber: todos homens.

Em 2019, CADY expõe no MMK de Frankfurt uma pintura de seu pai. Para vê-la, é preciso passar por entre as barras de metal instaladas pela filha. A foto que eu tirei através das grades mostra uma barra no meio da tela, separando a linha verde-floresta do V formado pela segunda linha laranja.

«É sempre ok escrever sobre as mães»

ALMA MATERIAL

Ao projetar a casa dos meus sonhos para o curso de artes plásticas no ensino médio, não podia imaginar que as decisões que eu tomava eram políticas.
bell hooks, «Black Vernacular: Architecture as Cultural Practice»[1]

Quando organizo uma exposição, jogo um jogo muito simples. Digo para mim mesma: «Eu estou num cômodo. Quem está comigo?». E, se há apenas homens brancos, me angustio, porque jamais me encontro em ambientes assim na vida real.
Helen Molesworth, «In a Room: Helen Molesworth on The Art of Our Time»[2]

Como muitas e muitos de vocês, eu vivencio há bastante tempo uma dupla realidade. Posso entrar em um ambiente e sentir apoio, reconhecimento, e um engajamento muito produtivo, e depois entrar em outro e perceber imediatamente que não tenho nenhum valor ali. Já fui elogiada e recompensada, rejeitada e ignorada. Tudo depende do ambiente em que me encontro.
Sarah Schulman, «Publishing Triangle Award Speech»[3]

---

[1] b. hooks, «Black Vernacular: Architecture as Cultural Practice», in *Art on My Mind: Visual Politics*. Nova York: The New Press, 1995.

[2] Helen Molesworth, entrevistada por grupa o.k. (Julian Myers e Joanna Szupinska), «In a Room: Helen Molesworth on The Art of Our Time». *Open Space*, n. 2, 16 fev. 2016. Disponível em: <https://openspace.sfmoma.org/2016/02/helen-molesworth/>. Acesso em: 4 abr. 2020.

[3] S. Schulman, «Publishing Triangle Award Speech», 2018. Disponível em: <https://newschoolwriting.org/sarah-schulman-publishing-triangle-award-speech/>. Acesso em: 28 jun. 2020.

Construir um livro é como erguer uma casa. Quais são os materiais necessários para a sua construção? Quem irá participar dessa construção, e quem irá penetrar no interior dessa casa? Este livro é a casa dos meus sonhos projetada num momento preciso. Do sonho que tenho de ver a crítica de arte evoluir em direção a um horizonte feminista e queer. O desenho começa por um cômodo, um «quarto só seu», cujas portas se abrem progressivamente para dar acesso a outros espaços, outros cômodos, comunicando-se entre si. Aqui, trataremos de restaurar os laços entre as mulheres, aqueles que foram rompidos ou invisibilizados pela narrativa branca, heteronormativa e patriarcal da história da arte tal como foi escrita até agora, baseando-se fundamentalmente em exclusões e calcada em silêncios.

Este livro se interessa unicamente por obras literárias e artísticas produzidas por mulheres, dado que eu mesma praticamente só leio mulheres (biológicas ou não). Já passei muito tempo lendo homens cis brancos heterossexuais e analisando seus trabalhos, desde a infância até o fim dos meus estudos. Esse gesto pode ser considerado brutal, mas, usando as palavras de Paul B. Preciado: «Quando as escolas passarem a analisar apenas os livros de Gertrude Stein e Virginia Woolf, e James Joyce e Gustave Flaubert se tornarem escritores 'masculinistas', quando os museus de arte reservarem uma semana por ano para examinar as obras desconhecidas dos 'artistas masculinos' e quando os historiadores publicarem a cada década uma revista para discutir o papel dos 'homens invisíveis da história', então, nesse momento, vocês poderão nos chamar de feminazis».[4]

É como uma forma de desdobramento da minha obra anterior, *La Fiction réparatrice* [A ficção reparadora],[5] que

---

4   P. B. Preciado, «Féminazies». *Libération*, 29 nov. 2019.

5   Nessa obra eu propunha uma abordagem queer para retificar os binarismos que arruínam o mundo e as relações que mantemos com ele e

hoje me interesso por uma «maternidade queer na arte», pensada por meio de duplas de artistas mães-filhas, assim como de reagrupamentos trans-históricos de mulheres por suas afinidades. A noção de reparação discutida no livro não consistia em apagar as fraturas do passado, mas sobretudo em ativar o princípio artístico e filosófico do *kintsugi* japonês, a arte de consertar porcelanas quebradas remendando os cacos com pó de ouro. Transcendência do acidente na qual fratura e reparação são mantidas juntas, simultaneamente, dentro de um mesmo objeto – material ou de pensamento. Trata-se, portanto, de rearticular os laços entre artistas e autoras dos dois últimos séculos, sem esquecer, contudo, as forças históricas de separação que operam na própria fábrica da história da arte.

Como dizia Virginia Woolf no quarto capítulo do seu ensaio-farol *Um quarto só seu*: «Quando somos mulheres, pensamos por meio do pensamento de nossas mães». Ao evocar as mães, ela obviamente não está pensando apenas nos vínculos biológicos. A autora Toni Cade Bambara explica, por sua vez, que em Camarões «toda mulher em idade adulta é chamada de mãe. É assim que funciona em uma sociedade comunal que não se apega à ideia de 'posse'. Uma amiga que morou lá por bastante tempo era frequentemente alvo de piada ao fazer perguntas como: 'Quem é seu filho? Quem é sua mãe?'. Nós nos acostumamos tanto com os modelos ocidentais, que somos incapazes de fazer as perguntas certas».[6]

Fazer as perguntas certas é expandir, aumentar e ficcionalizar os conceitos de vínculo e apego, prolongar os sistemas de afinidade. «Queer Mom», «Queer Mama»,

---

com os outros, considerando a perspectiva da cultura popular, do cinema hollywoodiano e das séries. Tratava-se simultaneamente de repensar a oposição sexo-gênero e de operar uma rearticulação entre teoria e ficção.

6 T. C. Bambara, «On the Issues of Roles», in T. C. Bambara (org.), *The Black Woman: An Anthology.* Nova York: Washington Square, 1970.

ou «Queer Mother» são expressões usadas com frequência para designar as mais queer entre as queers: as «mothers» [mães] são as drag queens ou trans mais experientes que dão apoio e aconselham as queers mais jovens.

Essa reparação, bem como o gesto de partir em busca de nossas mães, está inserida em um movimento pós-colonial, uma vez que, como diz a teórica Saidiya Hartman, criadora do conceito de «fabulação crítica»: «O tráfico de escravos faz com que você perca sua mãe. Ao conhecer sua história, você conhece sua origem. Perder a mãe é ser privada dos seus pais, do seu país e da sua identidade. Perder a mãe é esquecer o seu passado».[7]

É necessário redescobrir, ou fabular, uma vez que são impossíveis de encontrar, os laços que nos unem ao nosso passado como mulheres, das mães biológicas às eletivas, para que não nos deixemos soterrar pelo peso da história escrita em nosso nome, por nós, sem nós.

Não se trata, tampouco, de substituir, a partir de um binarismo formal, a paternidade pela maternidade artística, mas, antes, de propor uma forma de «maternidade queer», não hierárquica e não vertical, invocando especialmente as relações entre artistas e autoras sob a forma de constelações, de rizomas.

Em seu ensaio «How to Install Art as a Feminist»,[8] publicado em 2010, a curadora e crítica de arte feminista Helen Molesworth comenta a coleção do MoMA e o predomínio das narrativas masculinas na disposição das obras; em seguida, ela se pergunta sobre práticas curatoriais feministas historicamente reparadoras e/ou estrategicamente inovadoras a serem implementadas nos museus.

---

[7] S. Hartman, *Lose your Mother: A Journey Along the Atlantic Slave Route*. Nova York: Farrar, Straus and Giroux, 2007.

[8] H. Molesworth, «How to Install Art as a Feminist», in C. H. Butler e A. Schwartz (orgs.), *Modern Women: Women Artists at the Museum of Modern Art*. Nova York: Museum of Modern Art, 2010.

Ser artista e mulher, ela explica, é por vezes passar pela experiência de se perceber órfã de mãe(s) e descobrir que é preciso partir à sua procura – para não ceder ao jugo da imponente paternidade artística – para finalmente conseguir desenvolver uma série de afinidades entre irmãs:

> Assim, uma artista em busca de uma mãe eletiva não deveria se inserir em uma relação hierárquica, mas sobretudo instaurar um contexto de igualdade relativa, o que poderia suscitar certa consternação nessas mães eletivas, em particular naquelas advindas de gerações que tiveram que batalhar por direitos que hoje temos como garantidos; para elas, uma tal versão sincrônica da história pode parecer injusta. Um modelo histórico estruturado por alianças nos permite pensar segundo linhas de influência e condições de produção organizadas horizontalmente, com ideias necessariamente concorrentes de identificação, vínculo, semelhanças e diferenças, em oposição a nossas narrativas (verticais) bastante familiares de exclusão, rejeição e triunfo.[9]

Os questionamentos levantados por Helen Molesworth quanto às discordâncias e às ideias necessariamente concorrentes em uma perspectiva curatorial feminista são também aqueles com os quais este livro pretende se confrontar.

O título desta introdução, «é sempre ok escrever sobre as mães», faz referência por sua vez à escritora e teórica estadunidense Maggie Nelson, que, por ocasião de uma conversa com Judith Butler em 2017, escutou a seguinte pergunta acerca da escrita do seu livro *Os argonautas*: «Será que a autobiografia concede ou confisca a fala

---

9 Ibid.

daqueles e daquelas ali citados, ou que aparecem no livro? Você tenta reconciliar ou confere um caráter queer a essas diferentes vozes?».[10]

Nelson respondeu que falava apenas por si mesma, e que não partia do princípio de que é «sempre ok» escrever sobre as mães. A maternidade é, de fato, um tema que se repete na literatura de modo essencialista, e a psicanálise nos traz a ele incessantemente, de modo que nem sempre é ok escrever sobre as mães. Assim como Nelson segue dizendo: «Não podemos agradar a todos e todas, mas podemos adotar uma ética, escolher como queremos fazer parte deste mundo».

A fim de preservar as vozes das autoras e artistas que serão discutidas ao longo deste livro, as citações têm um lugar primordial, no sentido de que elas reinserem um pouco do pensamento dessas mulheres no meu; para não cultivar nem uma essencialização da escrita, nem da posição de autor – justamente o que estas páginas questionam.

Dada a situação atual na França e diante das reivindicações do grupo La Manif pour Tous [A Manifestação para Todos],[11] cujo uso judicioso da escrita não inclusiva – para todos – salta aos olhos, parece-me crucial reelaborar a noção de maternidade. Escrever um livro é equivalente a uma gestação para algumas pessoas, assim como qualquer outra forma de criação artística. Eu sou a favor da GPA e da PMA para todos, tanto na arte como na vida. A maternidade

---

10 Conversa entre Maggie Nelson e Judith Butler, «Gender, Identity, Memoir», *Art + Design Mondays*, 30 jan. 2017, Berkeley Art Museum and Pacific Film Archive, moderação Jocelyn Saidenberg. Disponível no YouTube. Acesso em: 4 abr. 2020.

11 Coletivo criado, de início, em oposição ao casamento homossexual na França e engajado, em seguida, contra a reprodução assistida e a barriga de aluguel.

não é redutível ao parto nem à gravidez, ela deve ser desbiologizada e desessencializada.

Se a maternidade, em sua acepção vitoriana cristalizada no imaginário, é um problema, a cristalização da paternidade heterocentrada é igualmente questionável. Como disse mais recentemente a crítica de arte francesa Élisabeth Lebovici: «A produção é intimamente ligada à reprodução. No imaginário da arte, e sobretudo em francês, a palavra 'paternidade' é comumente repetida para se referir ao produtor da obra. Nós poderíamos imaginar que a arte faz parte de uma reprodução não generificada, operando fora do contexto da maternidade, por exemplo, se ela não se fundamentasse em um modelo implícito da diferença sexual, em que ela restaura constantemente a ordem genealógica, calcada em uma definição da masculinidade como paternidade».[12]

Seria necessário, assim, opor a maternidade na arte, já não feminina, mas feminista ou queer, ao conceito de paternidade, tão imediatamente paternalista:

> Essa amnésia, ainda que prevaleça de maneira geral no mundo da arte de hoje, focado em uma economia de mercado, parece não afetar os jovens artistas masculinos, que são rapidamente legitimados por meio de narrativas confortavelmente enraizadas na história da arte, dentro das quais os críticos lhes atribuem pais. Essa lógica segue aquela da apresentação da coleção permanente de um museu médio, que oferece uma harmonia pluralista (uma bela imagem atrás da outra) pontuada por narrativas influentes de inspiração edipiana, em que os filhos homenageiam seus pais (Richard Serra e Jackson Pollock), matam seus pais

---

12 É. Lebovici, *Ce qui le sida m'a fait*. Zurique: JRP Ringier, 2017 (col. La maison rouge).

(Frank Stella e Pollock) ou ignoram seus pais (Luc Tuymans e Pollock).[13]

A história a seguir não irá, portanto, propor uma epopeia mitológica na qual se encadeiam homenagens e assassinatos, desavenças e reconciliações, mas antes estabelecer relações de cumplicidade constituídas tanto de ecos quanto de afinidades.

Vislumbro a escrita crítica sobre a arte na esteira do trabalho desenvolvido pela crítica de arte e feminista italiana Carla Lonzi em *Autoritratto* (publicado originalmente em 1969). «O crítico deveria ele próprio analisar, experimentar, absorver os elementos do seu campo de atividade, ou seja, se iniciar – encontrei a palavra e insisto nela –, pois a iniciação sugere que entramos em alguma coisa, nos aprofundamos, somos absorvidos por ela, e que, ao fazê-lo, nos transformamos e vivemos.»[14]

Carla Lonzi desejava fazer a crítica da arte evoluir mesclando diferentes registros e diferentes vozes sem hierarquizá-los, explorando uma narrativa não linear e uma subjetividade fragmentada, para não manter arte e vida separadas. Lonzi defendia uma nova maneira de agir por parte da crítica, focada nas relações pessoais – daí o título que ela dá à sua obra. No entanto, penso que Lonzi não conseguiu realizar plenamente esse desejo em seu trabalho, já que ele aborda apenas discursos hegemônicos masculinos, com exceção de sua amiga Carla Accardi. No entanto, essa dinâmica de pensamento e o deslocamento que ela propunha revelam-se cruciais para a minha prática.

Ao inscrevê-lo sob a égide dessas mães eletivas (que misturam em seus textos relato pessoal, escrita literária,

---

13 Molesworth, «How to Install Art as a Feminist», op. cit.
14 C. Lonzi, Autoportrait. Zurique: JRP Ringier, 2013 (col. La maison rouge).

crítica literária e artística, e filosofia, sem hierarquia de valor), meu texto se inscreve na linhagem de uma crítica de arte feminista e queer.

ALMA MATERIAL

«É SEMPRE OK ESCREVER SOBRE AS MÃES»

O cômodo com que eu fantasio sugere que não estou interessada em obras para as quais as condições de realização e a identidade da artista não importam; é primordial, para mim, que sejam artistas mulheres (primordial mesmo que eu desejasse de outro modo: a dupla imposição do feminismo, contradição inevitável).
Helen Molesworth, «How to Install Art as a Feminist», 2010[15]

A experiência das pessoas negras, não importa em qual cidade moderna estadunidense, tem algo assombroso. Entra-se em um cômodo e a história nos segue; entra-se em outro cômodo e a história nos precede. A história já está sentada na cadeira, no cômodo vazio, quando se chega. A inserção de quem quer que seja em uma sociedade parece estar sempre ligada a essa experiência histórica. O lugar a partir do qual podemos ser observados e observadas é relativo a essa história. Todos os esforços humanos convergem em direção a essa porta. Como posso sabê-lo? Somente por meio da introspecção, unicamente pelo olhar. Unicamente pelo sentimento. Somente ao fazer parte, sentando-me nesse cômodo junto com a história.
Dionne Brand, *A Map to the Door of No Return: Notes to Belonging*, 2001[16]

Meu feminismo será interseccional ou não será nada além de uma conversa fiada!
Flavia Dzodan, 2011[17]

---

15 Molesworth, «How to Install Art as a Feminist», op. cit.

16 D. Brand, *A Map to the Door of No Return: Notes to Belonging*. Toronto: Vintage, 2001.

17 F. Dzodan, «MY FEMINISM WILL BE INTERSECTIONAL OR IT WILL BE BULLSHIT!», *Tiger Beatdown*, 10 out. 2011. Disponível em: <http://tigerbeatdown.com/2011/10/10/my-feminism-will-be-intersectional-or-it-will-be-bullshit/>. Acesso em: 5 abr. 2020.

A citação de Flavia Dzodan aparece aqui como autoimposição e autocrítica. Uma primeira versão deste livro articulava-se em torno de um feminismo essencialmente branco. Na formação da primeira lista de artistas e autoras, somente Alice Walker, com sua obra *Em busca dos jardins de nossas mães*, desviava do caminho que eu havia traçado com muita facilidade, ainda que convocasse um vasto *corpus* e envolvesse inúmeras investigações. Ao mesmo tempo, eu realizava pesquisas que encarava separadamente, sobre Suzanne Césaire, Maryse Condé, Mayotte Capécia e a noção de canibalismo literário. E, no fim das contas, foi exatamente isso o que aconteceu. Ao me interessar pelo trabalho de Betye Saar, canibalizei o meu próprio texto abrindo novos eixos de pesquisa. A partir dessa porta de entrada, outras conexões voltadas para outras trajetórias se abriram muito rapidamente, e os mecanismos de pesquisa e intuição que comandam a escrita dos meus textos foram ativados, levando-me para outra direção. Os dois eixos que cruzam feminismo branco e feminismo negro se correspondem sem, no entanto, se confundirem, de modo que não achatam suas experiências nem as universalizam. Assim, as diferenças são, espero, preservadas, ainda que apresentadas em pé de igualdade.

A literatura e a teoria me serviram de base para abordar as obras, e vice-versa. Foi com Alice Walker, Audre Lorde, bell hooks, Michele Wallace, Sara Ahmed, Saidiya Hartman e Angela Davis, entre outras, que pude empreender essa transição necessária que carecia de um desbloqueio não forçado. Eu queria me apaixonar por essas descobertas, deixar-me levar, e não simplesmente fazer o que deveria ser feito. Trata-se de um trajeto longo, que demanda imersão e deslocamento, não de um modismo.

Neste texto, não descubro artistas isoladas, não destaco exceções que viriam a confirmar a regra, busco sobretudo compreender as relações estabelecidas pelas mulheres, reconhecendo-se como tais entre elas, de acordo com um regime de transmissão horizontal, intergeracional e trans-histórico.

Isso é apenas uma primeira etapa, e podemos lamentar a ausência de inúmeras artistas, ou, pelo contrário, nos alegrarmos com isso: tomarei meu tempo e continuarei a avançar nesse sentido sem responder a nenhum outro programa que não seja aquele do prazer a ser desfrutado e compartilhado.

Meu programa não é necessariamente o seu, é claro.

O que há de mais belo no feminismo são as suas sacadas, tal como Sara Ahmed comenta, com absoluta precisão, em *Living a Feminist Life*. O clique dessas sacadas e a sua repercussão. Ao escrever este livro, tive um clique, e é isso o que eu gostaria de conseguir transmitir, na realidade.

O clique da abertura de portas que levam a uma infinidade de quartos só seus. Longos corredores a serem atravessados, portas que devemos aprender a abrir ou a arrombar.

ALMA MATERIAL

I – Em busca do jardim de nossas mães

Cada capítulo deste livro é aberto com uma imagem de uma série de dez fotografias analógicas em preto e branco produzidas pela autora. Não sendo a prática dissociada da teoria, essa série atua como uma espécie de diário de bordo produzido simultaneamente à escrita de *Alma material*. As imagens indicam de que maneira a condução das pesquisas contamina continuamente o olhar que incide sobre a vida cotidiana, e vice-versa.

ALMA MATERIAL

I – EM BUSCA DO JARDIM DE NOSSAS MÃES

Um dia, ela descobriu que tinha os dedos dos pés. No outro, ela solucionou o mistério da sua própria voz. Descobriu a linguagem. Aprendeu a usar uma colher. Descobriu que os objetos caíam sem parar em direção à terra, todos os objetos, as bananas, as almofadas, e também os pratos. Eu estava lá. Fui testemunha desse despertar.

Susan Griffin, «Feminism and Motherhood»[1]

Um cronópio construiu uma casa e seguindo o hábito colocou no vestíbulo diversos azulejos que comprou ou mandou fabricar. Os azulejos eram dispostos de maneira a que se pudesse lê-los em ordem. O primeiro dizia: «Bem-vindos os que chegam a este lar». O segundo dizia: «A casa é pequena, mas o coração é grande». O terceiro dizia: «A presença do hóspede é suave como a relva». O quarto dizia: «Somos pobres de verdade, mas não de vontade». O quinto dizia: «Este cartaz anula todos os anteriores. Se manda, cachorro!».

Julio Cortázar, *Histórias de cronópios e de famas*[2]

---

[1] S. Griffin, «Feminism and Motherhood», in M. Davey (org.), *Mother Reader. Essential Writings on Motherhood*. Nova York: Seven Stories, 2001.

[2] Os cronópios são seres sensíveis, verdes e úmides, inventados por J. Cortázar, *Histórias de cronópios e de famas*. Trad. Gloria Rodríguez. 12. ed. Rio de Janeiro: Civilização Brasileira, 2009.

Como teríamos estendido os lençóis para que eles se molhassem em plena floresta, absorvendo ao mesmo tempo o orvalho das *Monstera deliciosa* e o de nossas células nervosas. Que a sua linha d'água saliente os desníveis de nossas ramificações vegetais sinápticas, manchas de luzes coloridas que em vez de confundir nossa visão nos propõem um outro caminho mais vibrante, mais vivo do que aquele que se oferece à primeira vista. Encontraremos em plena floresta um lençol da cor do tempo que remeta ao vestido de *Pele de asno* sobre o qual Jacques Demy projetou um céu em 16 mm. «O mais belo azul-celeste,/ mesmo quando está adornado por densas nuvens de ouro,/ não exibe cor mais opalina.» Não há como proteger as obras de arte da natureza mutável da MOTHEARTH, das pulverizações atmosféricas, do bolor, da umidade, da estufa, da sucessão de intervenções exteriores sobre as quais não temos controle. *Oil, pigment and fish glue on canvas and paper, and volcanics, earth, botanical matter, microorganisms, and wood*. Em vez disso, fazer uma cama dessa terra, dessa lama, desse mofo e daquilo que se chama erroneamente de mau tempo. Para quem?

> No início do mês de junho de 2010, Agatha, uma das tempestades tropicais que afligem cada vez mais frequentemente a Guatemala, provocou muitos estragos em Panajachel. Os ateliês e depósitos de armazenagem dedicados às pinturas de Vivian Suter também foram atingidos, o que permitiu a fusão de grande parte de seu trabalho com a natureza que o havia inspirado.[3]

Nisyros (Vivian's Bed): uma cama, no meio de uma galeria de vidro, na Alemanha, exposta aos olhares, mas

---

3 Mencionado no site da artista, atualmente desativado.

I – EM BUSCA DO JARDIM DE NOSSAS MÃES

ao mesmo tempo protegida por um conjunto de telas e lençóis pintados, um anticubo branco, uma matriz tanto desdobrada quanto redobrada – *I was always attached to Mud*.[4] As telas sem chassis são suspensas pela filha sobre a colina das Musas, sob um toldo improvisado na Grécia, *Filopappou Hill, Pikionis Paths and Pavilion*. O Pavilhão de São Dimitrios Loubardiaris recebe as colagens da mãe, Elisabeth Wild. *Oil, volcanic material, earth, botanical matter, and microorganisms on seventeen canvases painted in the crater of a volcano on the island of Nisyros, Aegean Sea*. As obras são aqui verdadeiramente expostas.

No outono de 2016, Vivian se dirige à ilha vulcânica grega de Nysiros, no Dodecaneso, para trabalhar na cratera freática do Stefanos em pinturas que em seguida serão exibidas simultaneamente em Kassel e Atenas. Uma fotografia, tirada de cima da cratera no fim de setembro de 2016, pode ser vista no site da documenta 14. A tela de 200 por 352 centímetros praticamente se fundia à paisagem, não fossem seus tons de azul, rosa e amarelo, alguns matizes acima daqueles que surgiam mais ao longe, diante de nossos olhos. Como um mapa montanhoso em escala reduzida, erguido em diversos pontos pelas pedras e cascalhos que ele recobre. Na outra extremidade da tela solta, segurada por pedras, uma única parte, enrolada em uma vara de madeira, continua parcialmente virgem de qualquer inscrição e lembra o trabalho da artista. «Pois ela faz amizade com o dilúvio e com a lama; ela convida o tempo a agir sobre suas telas como o ácido que corrói uma chapa gravada. Seu trabalho implica uma política de experimentação que insiste em abraçar a ruína.»[5]

---

4 Emily Dickinson, carta 492 (à Mrs. J. G. Holland), março 1877.

5 Moyra Davey, a respeito de Vivian Suter, *documenta 14*: Daybook. Munique: Prestel, 2017, s.p.

«Uma ruína seria o dentro de um antigo fora, ou um interior que se tornou exterior?» É o que Diane Scott se pergunta em sua obra *Ruine – Invention d'un objet critique* [Ruína – Invenção de um objeto crítico].[6] Tal questão mostra-se particularmente pertinente em relação aos trabalhos de Vivian Suter e Elisabeth Wild. As obras da mãe, protegidas nos interiores, mas expostas pela transparência do vidro; o trabalho da filha, desenvolvido no exterior, suscetível às intempéries: «Aprecio cada momento que passo com minha mãe, sei que algo bom acontecerá. Não sei do que minha mãe tem medo. Nunca a ouvi dizer ou mesmo mencionar que estava assustada ou com medo. Na maioria das vezes, quando começa a chover, o que acontece com frequência, sinto medo [...]. Venta forte com todas essas árvores ao redor e, claro, sempre vedo a casa o máximo possível, todas as noites, para evitar que qualquer coisa aconteça, também por isso tenho minhas cadelas e meus cachorros».[7]

Uma mãe designer têxtil, uma filha que puxa os fios invisíveis do trabalho dela para desenvolver a sua própria produção, que se abre às agitações atmosféricas. A filha estende suas telas ao sol, a mãe corta pedaços de papel, revistas, moda, bem-estar. Ela os reúne à sombra... «Eu gosto de fazer colagens, e só faço isso porque gosto, não por obrigação [...]. Sinto-me confiante. Sinto-me criativa. É o suficiente. [...] Acho a colagem mais adequada à minha mobilidade, considerando que só preciso das minhas mãos, da minha mente, da minha tesoura e da cola.»[8] *Oil, pigment and fish glue on canvas and paper, and volcanics, earth, botanical matter, microorganisms, and wood.*

---

6   D. Scott, Ruine. *Invention d'un objet critique*. Paris: Éd. Amsterdam, 2019.
7   Vivian Suter no filme de Rosalind Nashashibi, *Vivian's Garden*, 2017.
8   Elisabeth Wild no filme de Rosalind Nashashibi, *Vivian's Garden*, 2017.

Realismo mágico. Ela adiciona um último elemento, que acaba de passar pelo bastão de cola, no lugar mais certeiro. *My hands, my mind, my scissors, and glue*. Na primeira vez que assisti ao filme de Rosalind Nashashibi, *Vivian's Garden*, imaginei que o recorte seria colado em outro lugar, decepção seguida de evidência: esse gesto vem para fechar o «desenho». Na segunda vez que assisti ao filme, a expectativa se alinhou, por fim, ao gesto. «A obra emerge sob uma forma sedimentar, transmitida pela iconografia do *cool chic*; quase tudo o que chama a atenção de Wild, desde propagandas de batom até design de interiores de luxo, passando por acessórios de moda. Sua estratégia é a mesma da gralha: ela reúne pedaços do brilho e do glamour do mundo para libertá-los do sistema de mercadorias e fazê-los passar de imagens muito familiares a imagens novas. Os mundos caleidoscópicos de Wild – que ela chama de *Fantasías* – têm um apelo peculiar.»[9] Num artigo de 2017, lemos que na casa delas na selva há um castiçal composto de uma infinidade de peças de diferentes castiçais, criado por Elisabeth Wild.[10] Nota-se, assim, um desejo de desconstruir e de se divertir com o ambiente doméstico, de transformá-lo, abrindo espaço para a fantasia.

Nós estamos na roda, não fazemos parte da roda. «Nasci em Viena (Áustria) em 6 de fevereiro de 1922. Em 1938, emigrei para a Argentina com os meus pais Franz e Stefanie Pollak. Aprendi a pintar com um artista, Eichhorn, na Academia de Artes de Viena. Desenhei nus com um instrutor no Círculo de Belas-Artes de Buenos Aires. Participei de exposições em Buenos Aires e Mar del

---

9 Adam Szymczyk, a respeito de Elisabeth Wild, *documenta 14*: Daybook, op. cit.

10 S. Benchoam, «Time Exists Differently Here: Vivian Suter and Elisabeth Wild», *Mousse Magazine*, n. 58, abr.-maio 2017.

Plata. Ganhei a vida como designer têxtil. Foi assim que conheci o meu marido, August Wild, um cidadão suíço. Tivemos uma filha, Vivian, nascida em 1949. Em 1962, nos mudamos para Basileia, na Suíça. Lá eu tive uma loja de antiguidades num edifício histórico. Em 1996, mudei-me com a minha filha para Panajachel (Guatemala) e participei de diversas exposições. Meus trabalhos mais recentes são colagens.»[11]

É assim que se apresenta brevemente a mãe, Elisabeth Wild. Sua avó era pintora, segundo lemos na internet; do pai não se sabe muito, e, do marido com quem teve a sua filha, resta o nome: Suter. Caso queiram saber mais, terão que pesquisar por conta própria, o que não é realmente necessário. O marido de Vivian é mencionado brevemente. Algumas pesquisas no Google trazem à tona uma figura, a do escritor Martin Suter, com quem ela se casou muito jovem, e rompeu pouco tempo depois. Como a separação foi amigável, ela manteve seu nome. Martin Suter é o autor do texto que abre uma publicação dedicada à obra de Vivian, intitulada *Alrededor de mi cuarto* [Ao redor do meu quarto] (Kunstmuseum Olten, 2003). Assim como no quarto, nós andamos ao redor dela, sem entrar. Adentramos a cor e ela nos repele em direção às bordas, gentilmente.

A cor está por toda parte em *Vivian's Garden*: um buquê de flores encarnadas com uma parede vermelha ao fundo, uma cortina de renda turquesa, tecidos guatemaltecos nos sofás cobertos com lençóis listrados, o cão caramelo enroscado sobre um tecido listrado de vermelho, amarelo e preto forrando o assento de uma poltrona rosa-bebê, com outro tecido preto e branco com estampa de cruz cobrindo o apoio das costas, o laranja vibrante

---

11 E. Wild, disponível em: <https://sterna.com.gr/project/fantasias-a-solo-show-of-elizabeth-wild>. Acesso em: 10 jul. 2023.

I – EM BUSCA DO JARDIM DE NOSSAS MÃES

dos bicos das aves-do-paraíso diante das quais Vivian se diverte afundando seu antebraço no cabo formado pela estípula de uma folha de palmeira ressecada caída ao chão, seus cabelos ruivos engolindo sua camisa jeans, o verde penetrante da floresta – chamada de jardim no título do filme, *Vivian's Garden* (2017). Respondendo a uma questão da crítica de arte Elizabeth Fullerton, Nashashibi evoca a influência da leitura de *Ao farol*, de Virginia Woolf, sobre sua prática cinematográfica: «Eu gostaria de ser capaz de reproduzir esse fluxo de consciência nos meus filmes, [...] de representar um momento de compreensão tácita, a alteração íntima de uma relação, à maneira de Virginia Woolf».[12]

No Palais Bellevue, em Kassel, Rosalind Nashashibi estava expondo (como parte de uma série) um óleo sobre tela intitulado igualmente *In Vivian's Garden* (2017), como uma forma de estender os laços estabelecidos entre as três para além do filme. «Vivian Suter e sua mãe Elisabeth Wild são duas artistas autoexiladas em Panajachel, na Guatemala. Elas são tão próximas quanto jovens irmãs; por vezes são ao mesmo tempo mãe e filha uma da outra, e em outros momentos são também minha mãe e minha filha.»[13]

Trinta minutos em *loop*, outra vez, com Vivian e Elisabeth, agora assistidas em Kassel, por ocasião da documenta 14, no Naturkundemuseum im Ottoneum [Museu de História Natural] que abriga o Herbarium Ratzenberger – uma das mais antigas coleções europeias de plantas, reunida entre 1556 e 1592. *Pigment and oil on canvas, volcanics, earth*. Diante do precursor da arte de conservar as plantas, prensando-as entre papéis, Vivian

---

12 R. Nashashibi, citada por E. Fullerton, «Cinematic Borderlands», *Art in America*, jan. 2018.

13 Nashashibi, *documenta 14: Daybook*, op. cit.

Suter e Elisabeth Wild propõem outra maneira de dialogar com o meio ambiente, uma forma de pintura climática, viva, atmosférica, uma prensa de papel brilhante para formar um herbário de formas contemporâneas. Uma pressão e uma impressão de mãe para filha. O que passa de uma à outra, da natureza de uma à natureza da outra. As intempéries e o laço maternal não são percebidos de modo paranoico – o acidente climático intervém na obra tanto quanto a mão. *Oil, pigment and fish glue on canvas and paper, and volcanics, earth, botanical matter, microorganisms, and wood.*

A escolha feita por Rosalind Nashashibi para o título de seu filme ecoa de forma estranha um outro documentário sobre mãe e filha: as duas Edith Bouvier Beale – Big Edie e Little Edie –, parentes de Jackie Kennedy, em *Grey Gardens* (1975), de Albert e David Maysles, Ellen Hovde e Muffie Meyer. Aqui, no entanto, o mundo fechado de Big e Little Edie é trazido à luz, entre os lençóis e as colagens de Vivian e Elisabeth, numa versão menos asfixiante e mais simbiótica da maternidade e do fato de as duas serem mãe e filha. *Daughterness*, um estado que não tem nome em francês.

Essa retração sob o olhar da câmera cria uma intimidade que nos empurra seguidamente do pátio para o jardim, em busca do jardim de nossas mães, conforme o título da obra da feminista afro-estadunidense Alice Walker dedicada à sua filha, também escritora e feminista.[14] As cicatrizes de nossas mães e o trabalho de curá-las é realizado de uma geração a outra, como ela parece querer nos dizer com esta dedicatória: «Para minha filha Rebecca, que foi capaz de ver o mundo naquilo que eu considerava uma cicatriz em mim».

14　A. Walker, *In Search of Our Mothers' Gardens: Womanist Prose*. San Diego: Harcourt, 1983 (originalmente publicado em *Ms. Magazine*, maio 1974).

I – EM BUSCA DO JARDIM DE NOSSAS MÃES

É na transmissão que as coisas evoluem, tanto para as mães quanto para as filhas. No ensaio que dá título à sua coletânea, Alice Walker explica essa relação entre mãe e filha e suas implicações para as mulheres negras no Sul dos Estados Unidos. Ela se interessa pela forma como as descreve Jean Toomer, poeta e romancista mestiço afro-estadunidense: «Nas abstrações desinteressadas que constituíam seus corpos para os homens que se utilizavam deles, elas se tornaram mais do que 'objetos sexuais', mais do que meras mulheres: 'Santas'. Em vez de serem vistas como pessoas por próprio direito, seus corpos se tornaram santuários: o que se pensava ser seu espírito transformou-se num templo de adoração. Essas Santas insensatas olhavam o mundo desvairadamente, como loucas, ou tranquilamente, como suicidas; e o 'Deus' que habitava seus olhos era tão silencioso quanto uma enorme pedra. Quem eram essas Santas? Essas mulheres dementes, loucas e miseráveis? Algumas delas, sem dúvida, eram nossas mães e avós».[15]

Mais do que Santas, Walker as vê como Artistas, levadas à loucura pela falta de espaço para desenvolverem sua criatividade. Citando mais adiante o livro *Um quarto só seu*, de Virginia Woolf – e propondo substituir as escritoras brancas nele mencionadas por escritoras negras, ainda menos conhecidas –, ela reconhece que, em seu silêncio, mães e avós negras foram capazes de acender a faísca criativa, de plantar a semente que elas nem esperavam que um dia florescesse, de selar o envelope cujo conteúdo não haviam conseguido ainda captar plenamente.

Alice Walker aborda nesse texto a primeira poeta negra célebre, de origem senegalesa: Phillis Wheatley (1753-1784), que não apenas nunca teve um quarto só seu, mas também, como escravizada, nem sequer pertencia a si

---

15 Ibid.

mesma: «Virginia Woolf segue dizendo, sem fazer referência, é claro, à nossa Phillis, que '*qualquer mulher, nascida no século XVI e esplendidamente talentosa* [inserir 'século XVIII', inserir 'mulher negra', inserir 'nascida ou feita escrava'] *teria enlouquecido, se matado ou terminado seus dias em algum chalé de palha distante, meio bruxa, meio feiticeira* [inserir 'Santa'], *sendo alvo de temor e escárnio. Pois não é preciso ser um grande psicólogo para se convencer de que uma menina com personalidade que tentasse se valer de seu dom poético teria sido tão contestada pelos outros, torturada e dilacerada em todos os sentidos por seus próprios instintos* [inserir 'correntes, armas, chicotes, propriedade de seu corpo por outra pessoa, submissão a uma religião estrangeira'], *que teria perdido sua saúde e sanidade*'».[16]

Walker está pensando nas mulheres que acabaram não sendo reconhecidas, nas mães daquelas que mais tarde tiveram a oportunidade de se expressar artisticamente. Na mãe de Phillis Wheatley, assim como na sua própria mãe, que, segundo ela, sem dúvida também era uma artista. A filha simplesmente revelou o talento de sua mãe, que se manteve escondido. A mãe de Alice Walker cultivava seu jardim e cobria as rachaduras da casa com girassóis: suas ações inspiraram a literatura da filha. Foi no jardim de sua mãe que seu talento cresceu. A escritora antiguano-estadunidense Jamaica Kincaid, nascida em 1949, também conhecida por suas publicações sobre jardinagem, tem abordado em seu trabalho as relações entre mãe e filha, e, como Walker, ela diz: «Tornei-me escritora porque minha mãe escreveu minha vida para mim e me contou».[17]

---

16 Ibid.

17 Jamaica Kincaid, citada por P. T. O'Conner, «Paradise with Snake», *The New York Times*, 7 abr. 1985.

I – EM BUSCA DO JARDIM DE NOSSAS MÃES

Em uma entrevista, a artista afro-estadunidense Betye Saar identifica a origem da reciclagem praticada em seu trabalho nas memórias que tem de sua mãe: «Mas eu tenho ainda hoje uma espécie de dom premonitório. Agora que estou mais velha, quando avisto qualquer coisa que pode se tornar uma obra de arte, sinto isso. É o chamado 'MOTHER-WIT' [argúcia materna]. Minha mãe tinha sensibilidade artística, ela era costureira. Sou uma criança da Grande Depressão, e por isso fabricávamos nossos próprios presentes – como uma pequena pintura, por exemplo. Na escola, durante o verão, tínhamos aulas de artes e artesanato. Eu sempre fazia trabalhos manuais. Minhas irmãs, irmãos e eu éramos muito manuais porque minha mãe sempre produzia as coisas – um presente ou um objeto que nos agradasse».[18]

Em 1981, a artista afro-estadunidense Beverly Buchanan criou as *Marsh Ruins* no pântano de Glynn, na Geórgia, a alguns quilômetros da Ilha de Saint Simons onde escravizadas e escravizados Igbo (de origem nigeriana) cometeram suicídio em 1803. Ela instalou ali três blocos de concreto cobertos com argamassa feita de conchas de ostras, *lime, sand, oyster shells, water and ash*, materiais utilizados nas *plantations* para construir os aposentos das pessoas escravizadas. Essa obra de arte *in situ*, exposta às intempéries, sofreu um processo de erosão, e sua transformação em ruína foi documentada em vídeo pela artista. Uma vez que o local não conta com nenhum monumento que remeta a essa rebelião suicida, o gesto da artista resgata o trabalho incessante da memória e seu apagamento progressivo como celebração e reparação. Fazer do pântano o jardim de nossos ancestrais.

---

18   B. Saar, «Influences: Betye Saar», *Frieze Magazine*, 27 set. 2016.

Em 1989, Buchanan registrou, em uma série fotográfica,[19] sua amiga Mary Lou Furcron construindo uma casa-cabana feita de lama, grama e galhos, sem pregos nem parafusos, uma verdadeira obra de arte. Uma cabana toda sua, em vez de um quarto. Uma cabana na natureza feita de lama e poeira onde vive uma mulher que é meio bruxa, meio feiticeira, meio santa.

---

19 B. Buchanan, *Ms. Mary Lou Furcron*, 1989, conservada pelo Whitney Museum of American Art de New York.

I – EM BUSCA DO JARDIM DE NOSSAS MÃES

ALMA MATERIAL

II – Devolver os pés da mesa à floresta à qual pertencem

ALMA MATERIAL

II – DEVOLVER OS PÉS DA MESA À FLORESTA À QUAL PERTENCEM

As mais extremadas e extravagantes imagens e metáforas se entrelaçaram e deram voltas em sua mente. Ele a comparou a um melão, um abacaxi, uma oliveira, uma esmeralda e a uma raposa em meio à neve, tudo no espaço de três segundos; não sabia se a havia escutado, provado, visto ou tudo junto.
Virginia Woolf, *Orlando*[1]

*Sou uma charada em nove sílabas,
um elefante, uma casa pesada,
Melão andando sobre gavinhas.
Fruto rubro, marfim, finas vigas!
O pão se avoluma com fermento.
A carteira cheia de dinheiro.
Sou o meio, o entre, a vaca prenhe.
Devorei uma bolsa de maçãs,
Se entrar no trem, não dá pra sair.*
Sylvia Plath, «Metáforas»[2]

---

[1] V. Woolf, *Orlando*. Trad. Jorio Dauster. São Paulo: Companhia das Letras, 2014, p. 65.
[2] S. Plath, «Metáforas», in *Poesia reunida*. Trad. Marília Garcia. São Paulo: Companhia das Letras, 2023.

No jardim de nossas mães, acumulam-se tanto a poeira e o mofo quanto o orvalho. *Purity and Danger*. A poeira dos livros nunca mais abertos ou das telas empilhadas nos depósitos dos museus, o silêncio dos órgãos cuja existência preferimos esquecer, as matrizes redobradas. *De la souillure* [sujeira]. É dentro da espessura dessa poeira, desse mofo, que devemos trabalhar. Assim como escreve a artista Moyra Davey, que preza tudo, inclusive a poeira ao tê-la fotografado em detalhe (sob a cama, presa entre as unhas na pata de seu cachorro, amontoada pelos rodapés), Francesca Woodman nunca se dava ao trabalho de limpar a película; o acidente constitui a obra: «Francesca Woodman *não se preocupava em retirar o cabelo preso na abertura da câmera*».[3] Tal como Vivian Suter, que, após a tempestade, decidiu não limpar suas telas, consideradas pelos outros como danificadas, deixando que os micro-organismos ali se proliferassem, Francesca pendurou fotografias de pés de mesa diretamente na natureza, entre as árvores.

Em 1976, Hannah Wilke fez uma série de fotografias externas, *Gum in Landscapes*. Ela não apenas dispôs suas esculturas de chiclete que remetem ao órgão sexual feminino sobre seu próprio corpo, como também sobre a paisagem californiana. Uma das fotografias coloridas, apresentadas na ocasião da exposição póstuma organizada na Temple University,[4] a mostra colando uma dessas gomas de mascar, azul como a blusa e a maquiagem que passou nos olhos, sobre o tronco fino de uma árvore, aparentemente uma cerejeira. Segundo Wilke, essas gomas de mascar são «a metáfora perfeita da mulher estadunidense – masque-a, tire dela tudo o que você deseja, jogue-a

---

[3] M. Davey, «Notes on Photography and Accident», in H. Molesworth (org.), *Long Life Cool White: Photographs and Essays by Moyra Davey*. Cambridge (Mass.): Yale University Press, 2008.

[4] *Hannah Wilke: Sculpture in the Landscape*, The Tyler School of Art, Temple University, Filadélfia, 2019.

II – DEVOLVER OS PÉS DA MESA À FLORESTA À QUAL PERTENCEM

fora e passe para a próxima».[5] A fotografia *Gum in a Cherry Tree* poderia facilmente aparecer na capa do livro *Sexing the Cherry*, escrito em 1989 por Jeanette Winterson, cuja metáfora central, o enxerto de uma cereja preta de Polsted em uma ginja, resulta em uma hibridização feminina. «Mas a cereja cresceu, nós a sexuamos, ela é fêmea.»[6] A relação entre a cereja e o sexo feminino que se desenvolve em uma geração não biológica, apartada de qualquer relação com o masculino, aplica-se tanto à obra de Winterson quanto à fotografia de Wilke, ou, ainda, ao livro que você está lendo agora. «O enxerto é o meio pelo qual uma planta, submissa ou eventualmente frágil, é absorvida/fusionada para se tornar um membro mais resistente de sua estirpe. Assim, as duas partes se valem uma da outra para a produção de uma terceira, sem semente, nem pai, nem mãe.»[7] A cereja e a goma de mascar, em seus tons correspondentes de vermelho e rosa, são capturadas em *close-up*, brilhantes e apetitosas, intercambiando seus matizes e se mantendo momentaneamente a salvo de qualquer predação. Hanna Wilke devolve, assim, suas excrescências corporais à natureza *à qual* pertencem.

«Devolver os pés da mesa à floresta à qual pertencem» foi um dos últimos projetos de Francesca Woodman, realizado em 1980, na MacDowell Colony, em New Hampshire. «Faz muito calor e estou sentada no chão perto da janela. Observando os pés da mesa e da cadeira, tento pensar nas árvores e na floresta. Quero devolver os pés da mesa de madeira à floresta à qual pertencem.» Devolver o doméstico à natureza. Francesca Woodman pendura suas ampliações fotográficas sob o sol na floresta, Hanna Wilke cola

---

5 Hannah Wilke, citada por A. Berman, «A Decade of Progress, But Could a Female Chardin Make a Living Today», Art News, vol. 79, n. 8, out. 1980, p. 77.

6 J. Winterson, *Sexing the Cherry*. Londres: Vintage, 1989.

7 Ibid.

seus chicletes na natureza, Vivian Suter pendura suas telas na mata. *Oil, pigment and fish glue on canvas and paper, and volcanics, earth, botanical matter, micro-organisms and francesca woodman.* «Francesca sentia-se à vontade com a poeira e tinha uma predileção pelo mofo.»[8] Ela cresceu observando sua mãe trabalhar. Betty Woodman é ceramista e escultora. Trabalha a argila. Francesca, sua filha, também não tinha medo de sujar as mãos. Com a morte de Francesca, Betty decide não mais produzir objetos utilitários; os vasos e potes que ela fabrica começam a vazar. O doméstico já não comporta os elementos da natureza que deveria dominar. *Theater of the Domestic*. A antropóloga britânica Mary Douglas escreve, em 1966, no livro *Pureza e perigo*: «A fisiologia – masculina e feminina – presta-se ao simbolismo do recipienteque não pode deixar derramar ou diluir seus fluidos vitais. As mulheres, com toda a razão, são literalmente vistas como entradas pelas quais a pureza do conteúdo pode ser alterada. Os homens são considerados poros através dos quais a preciosa substância escorre e se perde, enfraquecendo assim todo o sistema».[9]

O trabalho de Betty Woodman parece responder ao de Elisabeth Wild, havendo entre elas oito anos de diferença. As colagens murais de cerâmica viva intituladas *Wallpapers* [Papéis de parede] de uma ecoam os recortes de jornais sobre estilo de vida e decoração da outra. «Os *Wallpapers* talvez sejam peças mais decorativas. Essa era uma palavra proibida – ninguém queria fazer arte decorativa quarenta anos atrás –, mas hoje acho estimulante flertar com essa noção rejeitada por tanto

---

[8] Sloan Rankin, citada par G. Baker, in «Francesca Woodman Reconsidered. A conversation with George Baker, Ann Daly, Nancy Davenport, Laura Larson and Margaret Sundell», Art Journal, verão 2003.

[9] M. Douglas, *Pureza e perigo: ensaio sobre a noção de poluição e tabu*. Trad. Sónia Pereira da Silva. Lisboa: Ed. 70, s.d., p. 94.

tempo.»[10] Os restos da cerâmica utilizada na produção de vasos, jarros e outras composições da artista são reaproveitados e tornam-se eles próprios obras, arranjados na forma de composições murais, *glazed earthenware, epoxy resin, lacquer, paint*. O papel de parede é um elemento decorativo com o qual Francesca, sua filha, vem a se fundir – como mostram as fotografias em que seu corpo nu está coberto por pedaços de papel de parede rasgados, caindo das paredes decrépitas. Em um *found footage*, que pode ser visto na cena de abertura do filme *The Woodmans*, realizado em 2010 por Scott Willis, Francesca aparece nua diante da tela instável da câmera, detrás de uma folha de papel estendida sobre a qual se desenha sua silhueta obscura, que atravessa o branco da página. Aos poucos ela vai escrevendo seu nome sobre a folha: Francesca.

> Baker: como você descobriu Woodman?
> Sundell: Por intermédio de uma fotógrafa, Moyra Davey. Ela achou que eu poderia me interessar por Woodman, então me mostrou o catálogo de uma exposição de 1986 no Wellesley College, que Ann Gabhart organizou. E, claro, me interessou muito.[11]

Uma imagem como *Three Kinds of Melon in Four Kinds of Light* [Três tipos de melão em quatro tipos de luz], de 1976, trata da problemática *à la* John Berger (*Modos de ver*) que envolve a objetificação do corpo nu da mulher. Woodman aborda a questão com verve e perspicácia, sem esforço. Jason Simon me apresentou seu trabalho no fim dos anos 1980, a

---

10 Entrevista de Betty Woodman para Katharine Stout, in Vincenzo de Bellis (org.), Betty Woodman. *Theatre of the Domestic*. Milão: Mousse, 2016.

11 «Francesca Woodman Reconsidered», op. cit.

ALMA MATERIAL

Francesca Woodman
Da série *Three Kinds Of Melon in Four Kinds Of Light*, 1976.

partir de um catálogo com reproduções de má qualidade que ele encontrou num sebo. Essa jovem artista, nascida no mesmo ano que eu, e que se suicidou aos 22 anos, em 1981, me arrebatou.[12]

A fotografia de Woodman mencionada por Moyra Davey foi feita em Rhode Island em 1976. Nela, vemos o busto de uma mulher, sua vizinha, que estava grávida na época: seios nus, marcas de bronzeado da parte de cima do biquíni que desenham na sua pele triângulos e alças finas. Diante do seu seio esquerdo ela segura um cartão-postal estampado com a pintura de um melão do qual foi cortado um pedaço, deixando uma fenda aberta; sobre uma mesa de madeira suja ou deteriorada, duas metades de um melão com suas sementes que saltam para fora despejando a polpa. Metáfora e metonímia da fruta como parte e todo da mulher: «*(Woman's body as fruit)* […] (*breast for woman*)».[13]

Em 1997, Moyra Davey tirou uma fotografia de seus seios entupidos de leite: «Menos de seis meses após o nascimento do meu filho, atravessei sozinha a América do Norte de avião com uma bomba elétrica para sugar o leite que continuava a encher meus seios. Mas perdi a conexão e cheguei ao meu destino doze horas depois, o que fez com que meus seios ficassem absurdamente inchados. Tirei uma foto em meu quarto de hotel, que publiquei alguns anos depois na *LTTR*, uma revista feminista queer de distribuição superlimitada. Agora, essa foto está circulando na internet, completamente fora do meu controle».[14]

---

12 Davey, «Notes on Photography and Accident», op. cit.

13 A. Solomon-Godeau, «Just like a woman», in A. Solomon-Godeau, A. Gabhart e Rosalind Krauss (orgs.), *Francesca Woodman: Photographic Work*. Wellesley (Mass.): Wellesley College Museum, 1986. [Em tradução livre: «(Corpo de mulher como fruta). […] (seio para mulher)». (N.T.)]

14 M. Davey, *Le Sec et le moite*. Trad. francesa Alison Strayer. Paris: Paraguay

Atualmente, a fotografia já não está disponível on-line. Moyra me enviou uma foto da revista que mantém no seu arquivo pessoal – a revista está aberta e quatro dedos pressionam a divisão entre as páginas para facilitar a leitura. As duas fotos postas lado a lado no monitor secundário do meu computador dialogam ainda mais. Na fotografia de Moyra, ela está enquadrada no centro, do queixo até o púbis, vestindo uma calça escura, os braços cruzados atrás das costas a fim de projetar o peito para a frente. O seio esquerdo entupido de leite está inchado, as veias destacadas como as listras de uma melancia. *Watermelons are not the only fruit*.[15] «Ela cora. 'Ao nascer, eu parecia um melão.' 'Não se preocupe', tranquilizei-a, 'já não é assim'.»[16]

Algumas mulheres podem se contentar com o fato de já não serem comparadas a melões, enquanto outras ainda têm que lutar ativamente contra esse tipo de comparação frutífera problemática. A artista afro-estadunidense Betye Saar produziu, em 2011, uma obra que se reapropria estrategicamente de uma propaganda racista dos sorvetes de melancia da Picaninny Freeze. Em *Eat Seeds'n All*, ela posiciona o anúncio numa bandeja de madeira pintada de vermelho com dominós da mesma cor contornando as bordas. O branco marfim das peças pintado de vermelho-melancia. A propaganda original, datada de 1927, consistia no desenho de uma criança negra estereotipada, lábios e laço vermelhos, destacando-se contra o fundo com um sol redondo e amarelo, segurando entre suas mãos um grande pedaço de melancia. A associação de pessoas negras a melancias, fortemente depreciativa, conotava preguiça e propensão à luxúria. Betye Saar deixou visível o slogan que dá título à sua obra, e cobriu os outros escritos

---

Press, 2011 (col. The Social Life of The Book).

15 Em tradução livre: «Melancias não são a única fruta». [N. T.]

16 J. Winterson, *Oranges Are Not the Only Fruit*. Ontario: Pandora, 1985.

II – DEVOLVER OS PÉS DA MESA À FLORESTA À QUAL PERTENCEM

com uma fatia ainda maior de melancia. A reapropriação é suficientemente eficaz em se libertar da caricatura humilhante e racista da propaganda e transformá-la numa forma de empoderamento, uma forma de recuperar não a fatia, mas o bolo inteiro.

As metáforas com frutas são usadas para desvalorizar pessoas negras. Mas na escrita de Audre Lorde, como na de Jeanette Winterson, há passagens muito sugestivas, conectando a sexualidade lésbica ao devoramento de frutas, como a seguir, em relação ao abacate:

> Eu pegava um abacate maduro e o rolava entre as minhas mãos até que a pele se transformasse num invólucro para a fruta macia e amassada em seu interior, com o caroço bem duro no meio. Eu emergi do beijo que dei em sua boca para abrir um buraco na pele da fruta com meus dentes perto do talo do umbigo, aspergindo o suco pálido da fruta verde-amarela em finas linhas rituais para cima e para baixo por cima e ao redor do seu ventre marrom cor de coco. O óleo e o suor dos nossos corpos retinham o suco da fruta que eu esfregava sobre as suas coxas e entre os seus seios até que sua cor marrom brilhasse como a luz através do véu do abacate verde mais pálido, um manto da deusa pera que lambi lentamente da sua pele.»[17]

---

[17] A. Lorde, *Zami: A New Spelling of my Name*. Berkeley: Crossing, 1982. Embora esse livro seja hoje uma referência, ao decidir publicá-lo a autora enfrentou grandes dificuldades em sua busca por uma editora, recebendo doze rejeições, entre elas uma particularmente eloquente por parte de uma editora gay, que a crítica Barbara Smith evoca: «O editor branco dessa editora supostamente simpática devolveu o manuscrito dizendo: 'Se ao menos você fosse ou uma coisa ou outra, ou negra ou lésbica'», em J. Braxton e A. N. McLaughlin (orgs.), *Wild Women in the Whirlwind: the Afra-American Women Literary Renaissance*. New Brunswick: Rutgers University Press, 1989.

Entretanto, outros frutos menos apetitosos que o abacate, os da raiva, também surgem em um pequeno poema de Lorde, «Who Said It Was Simple» [Quem disse que era simples], que começa assim:

> «*There are so many roots to the tree of anger*
> *that sometimes the branches shatter*
> *before they bear.*»[18]

> «Tem tantas raízes a árvore da raiva
> que às vezes os ramos se quebram
> antes de dar frutos.»

A árvore cheia de frutos é uma referência à canção «Strange Fruit» cantada por Billie Holliday em resposta aos linchamentos de homens e mulheres afro-estadunidenses que foram praticados nos Estados Unidos até meados do século xx. Os «frutos estranhos» são os corpos negros pendurados nas árvores.

> «*Southern trees bear a strange fruit*
> *Blood on the leaves and blood at the root*
> *Black bodies swinging in the Southern breeze*
> *Strange fruit hanging from the poplar trees*»[19]

> Árvores do sul dão um fruto estranho,
> Sangue nas folhas e sangue nas raízes,
> Corpos negros balançando na brisa do sul,
> Frutos estranhos pendurados nos álamos

---

18 A. Lorde, *From a Land Where Other People Live*. Detroit: Broadside, 1973.

19 A. Meeropol, *Strange Fruit*, 1937, canção interpretada por Billie Holliday pela primeira vez em 1939.

II – DEVOLVER OS PÉS DA MESA À FLORESTA À QUAL PERTENCEM

Para Angela Davis, a versão de Holliday da canção de Abel Meeropol (1937) causou um impacto considerável no movimento pelos direitos civis: «Holliday nunca cantou essa canção duas vezes da mesma maneira. Em cada uma de suas apresentações ela levava implicitamente o público a imaginar o horror de uma cena de linchamento, a apoiar e a se apropriar do propósito antirracista da canção.
E ainda fez muito mais: transformou quase sozinha a dimensão política da cultura popular estadunidense e colocou o protesto e a resistência no centro da cultura musical negra da época».[20]

A filha da artista Betye Saar, Alison Saar, produziu em 1995 uma escultura feita de uma mistura de estanho, madeira, barro, objetos variados, corda e tinta, intitulada *Strange Fruit*, em homenagem à canção. O fruto estranho dessa vez é o corpo de uma mulher negra – elas são representadas com menos frequência quando se fala dos linchamentos – de formas abundantes, pendurada no teto pelos pés, numa pose idêntica àquela de *O nascimento de Vênus*, de Botticelli. Essa Vênus negra de lábios vermelhos questiona igualmente o lugar da mulher negra na representação escultural, seguindo a linhagem do trabalho desenvolvido pela mãe da artista.

---

20 A. Davis, *Blues et féminisme noir*. Paris: Libertalia, 2017.

ALMA MATERIAL

III – Matar o Anjo do Lar

Efígies e representações metafóricas de figuras femininas devem, às vezes, ser fatalmente destruídas. «Matar o Anjo do Lar» foi a tarefa a que Virginia Woolf se propôs, ao falar com a London and National Society for Women's Service em 21 de janeiro de 1931. O Anjo do Lar representa a mãe ideal, vista pelo prisma das convenções e normas sociais da época; era essa imagem da mulher, da mãe, que ela tinha que destruir antes de se voltar para a criação. «Assim, toda vez que eu percebia a sombra de sua asa ou o brilho de sua auréola em cima da página, eu pegava o tinteiro e atirava nela. Demorou para morrer. Sua natureza fictícia lhe foi de grande ajuda. É muito mais difícil matar um fantasma do que uma realidade.»[1] Esse Anjo contra o qual Woolf se manifesta foi encarnado pela primeira vez pela esposa de um poeta vitoriano, Coventry Patmore, que lhe inspirou a escrita do célebre poema narrativo *The Angel in the House*[2] [O Anjo do Lar], publicado em 1854. Nele, o poeta descrevia sua esposa Emily, invisível, tão devota quanto dedicada ao sacrifício, uma mulher perfeita, um anjo. «Se lhe servíamos frango, ela pegava a asa; se houvesse uma corrente de ar, era ali que ela se sentava [...].»

Virginia Woolf, ao defender que toda mulher que desejasse se envolver em um trabalho criativo deveria assassinar o Anjo do Lar, alegando que no fim do reinado da Rainha Vitória «toda casa tinha seu Anjo», parece estar respondendo à escritora e socióloga estadunidense protofeminista Charlotte Perkins Gilman, que, em 1891, escreveu *An Extinct Angel* [Um anjo extinto] - um pequeno

---

1 V. Woolf, «Profissões para mulheres», in *Profissões para mulheres e outros artigos feministas*. Porto Alegre: L&PM, 2014, p. 13.
2 Poema exaltando as virtudes das mulheres vitorianas, depois fortemente criticado por Woolf.

III – MATAR O ANJO DO LAR

texto que respondia igualmente ao poema de Patmore[3] e anunciava por antecipação a extinção desse mesmo Anjo: «Uma certa categoria de anjos outrora povoou este planeta, servindo como o 'solvente universal' a todos os elementos discordantes e irreconciliáveis da vida humana. Essas anjos eram bastante numerosas; havia uma em quase todas as famílias; e, embora possuíssem virtudes seráficas em maior ou menor grau, todas elas eram, por comum acordo, anjos». Como angelismo e conhecimento não se misturam, e a inteligência sem dúvida não é uma das qualidades que se espera de um anjo, foi provavelmente ao morder o fruto do conhecimento, ela nos diz, que esse anjo morreu. «Essa espécie agora está extinta», anuncia a autora. «Pobre dodô!» Woolf nos lembra que cada autora, cada artista, deve enfrentar seu próprio Anjo do Lar, um assassinato a ser constantemente reiterado.

Às vezes é também a relação fantasiosa com a mãe biológica e a competição incapacitante que devem ser assassinadas. Em *Moments of Being* [*Momentos de vida*], Woolf descreve a problemática relação entre sua mãe, Julia, e Stella, sua meia-irmã, que não conseguiu matar o Anjo do Lar, reproduzindo constantemente a imagem de uma mãe perfeita à qual ela não conseguia se adequar. Stella representava a imagem da mãe para Virginia, e foi uma luta reerguer-se após a sua morte, que se deu logo após a de Julia: «Stella não era brilhante, ela raramente abria um livro; e isso, eu acho, teve uma influência considerável em sua vida, uma influência desproporcional, na verdade. Ela exacerbava as suas inaptidões; e, vivendo tão perto de sua mãe, ela enfatizava constantemente as suas

---

3 A autora espanhola Maria del Pilar Sinues havia escrito, antes de Woolf e Gilman, uma obra crítica intitulada *El Ángel del Hogar. Estudios morales acerca de la mujer en 1859* [*O anjo do lar. Estudos morais acerca da mulher em 1859*]. Prova da influência da visão da «teoria das esferas» celebrada por Coventry Pattmore.

diferenças e infligia a si mesma um sentimento de inferioridade que a levou a viver desde cedo à sombra da mãe. [...] Stella sentia-se acuada e aprendeu desde pequena a ver sua mãe como uma pessoa de poder e inteligência divinos».[4]

«O anjo é um motivo recorrente no trabalho da artista estadunidense Francesca Woodman. Na fotografia *On Being an Angel* [Sobre ser um anjo] (1976), ela se joga para trás, deixando a luz incidir sobre sua pele branca. Notamos um guarda-chuva preto ao fundo. Em uma outra versão da foto, feita no ano seguinte, o seu rosto está à mostra e a imagem fica um pouco mais escura.»[5] Para além da oposição binária entre luz e sombra, sagrado e profano, outras iluminações poderiam vir a diluir a tinta do continente escuro – porque inexplorado – da maternidade na arte, desse Anjo do Lar que deveria antes se transformar em uma figura materna de identificação libertadora e de reconhecimento de um poder histórico.

Devemos perder tempo discutindo o sexo dos anjos (do grego ἄγγελος, *ángelos*, «mensageiro»)? O angelismo e a melancolia geralmente utilizados para evocar o trabalho fulgurante de Francesca Woodman também devem ser assassinados e superados. Woodman está mais próxima de Woolf do que do Anjo do Lar, ou do anjo de asas quebradas pelo trágico destino. Ela parece sobretudo se confrontar, jogar com as representações simbólicas da feminilidade, em vez de se contentar em reproduzi-las ou ilustrá-las.

A fotógrafa Julia Margaret Cameron, cuja sobrinha era a mãe de Virginia Woolf, Julia Jackson, que modelava

---

[4] V. Woolf, *Instants de vie*. Trad. francesa Colette-Marie Huet. Paris: Stock, 1986. [Ed. port.: *Momentos de vida*. Trad. Eugénia Antunes. Lisboa: Ponto de Fuga, 2017.]

[5] A. Tellgren, *Francesca Woodman: Devenir un ange*. Paris: Xavier Barral, 2016.

III – MATAR O ANJO DO LAR

para Edward Burne-Jones e George Frederic Watts, ilustrou à sua maneira o poema «The Angel in the House», dedicado por Coventry Patmore à sua esposa, com uma fotografia tirada em 1873. Emily Peacock, a modelo, posa com ar preocupado e triste, o olhar perdido, mirando o vazio. Uma segunda das muitas fotografias de Cameron com referências a anjos, *The Angel at the Tomb,* feita em 1870 e impressa depois, é de especial interesse porque a figura masculina do anjo no túmulo, aquele que aparece diante de Cristo, aqui é personificada por uma mulher, Mary Hillier. «O que é capturado pela câmera não se revela necessariamente em sua verdadeira natureza, e nem sempre se refere a si mesmo. De fato, esse *eu* pode não ser visível como tal na imagem. A fotografia *The Angel at the Tomb* de Julia Margaret Cameron, portanto, só remeterá a Mary Hillier, a empregada que posou para ela, se você se recusar deliberadamente a considerar a forma como Cameron escolheu enquadrar sua presença radiante e delicada.»[6]

Essa inversão do sexo dos anjos, sejam eles do lar ou não, talvez seja a chave do problema. Ao vestir as mulheres como se fossem homens, a fotógrafa sem dúvida também inspirou sua parente Virginia Woolf a escrever *Orlando*. Orgulhosa de sua tia-avó, Woolf deu um exemplar do livro da Hogarth Press a Gisèle Freund quando ela pintou seu retrato em 1939. Nele, vemos sua mãe fotografada por Cameron: «Entre 1864 e 1872, Julia posou para uma magnífica e legitimamente reconhecida série de retratos. Cameron imortaliza elegantemente a gravidade e a luminosidade de seu rosto. A série mostra sua sobrinha antes de seu primeiro casamento, depois como uma jovem mãe, e depois da morte de Herbert Duckworth,

---

[6] M. Warner, «In the Mind's Eye: Thought-Pictures and Ethereal Presences in the Photograph of Julia Margaret Cameron 1815-79», *Archive,* 2004. Reproduzido em M. Warner, *Phantasmagoria. Spirit Visions, Metaphors, and Media into the Twenty-First Century.* Oxford: Oxford University Press, 2006.

quando ela assume espantosamente a aparência de uma viúva espectral, coberta de heras, seu rosto branco pálido como uma lua nova contrastando com o preto de suas roupas de luto».[7]

Em 1926 a editora dos Woolf, Hogarth Press, publicou *Julia Margaret Cameron: Victorian Photographs of Famous Men and Fair Women* [Julia Margaret Cameron: fotografias vitorianas de homens famosos e mulheres justas], com um prefácio escrito por Virginia. Nele, é citado um texto de Cameron, «Annals of My Glass House» [Anais da minha casa de vidro], escrito em 1874. Ao procurá-lo, encontro a seguinte citação, escrita no período de sua estreia fotográfica aos 48 anos de idade, que teria sido impulsionada por um gesto de sua filha: «Não é sem esforço que reprimo o transbordamento do meu coração e simplesmente menciono que minha primeira lente me foi dada por minha querida filha falecida e seu marido com as seguintes palavras: 'Pode ser divertido para você, mãe, tentar fotografar nos seus momentos de solidão em Freshwater'».[8]

No mesmo texto, ela explica que um galinheiro de vidro havia sido instalado no jardim para o divertimento das crianças e que ela por fim o transformou em um ateliê, libertando as galinhas com a esperança de que sobrevivessem. O depósito de carvão virou seu quarto escuro e a casa de vidro, um quarto só seu. Mais adiante ela diz: «Meu marido foi uma feliz testemunha de cada uma de minhas fotografias, do início ao fim. Eu costumava mostrar para ele cada vidro sobre o qual uma nova glória acabava de aparecer e ouvir suas palavras entusiasmadas de encorajamento. Esse hábito de correr para a sala de jantar com

---

[7] Ibid.

[8] V. Hamilton, *Annals of My Glass House: Photographs by Julia Margaret Cameron*. Seattle, WA: University of Washington Press, 1998.

III – MATAR O ANJO DO LAR

minhas imagens molhadas e manchar uma imensa quantidade de toalhas de mesa com nitrato de prata, manchas indeléveis, teria resultado em uma interdição por parte de alguém menos indulgente com relação aos trabalhos domésticos».[9] Se Virginia joga tinta no rosto do Anjo do Lar, Julia mancha os sinais visíveis de uma casa bem conservada com gotas de nitrato de prata. «Vestida com roupas escuras, manchada de produtos químicos fotográficos (e também exalando o cheiro deles) [...] ela [...] prendia as pesadas asas de cisne nos ombros das crianças e lhes dizia, 'Fica assim', pedindo que fizessem o papel dos Anjos da Natividade, inclinados sobre as muralhas do céu.»[10]

Ao evocar o assassinato do Anjo do Lar, é impossível não pensar nas asas que Francesca Woodman (para quem Cameron foi uma referência importante) insere em suas fotografias: lençóis brancos pendurados, nos quais nem mesmo o corpo em salto da fotógrafa irá se segurar; impossível também não pensar nas asas que sua mãe, Betty Woodman, esculpe nos vasos de cerâmica. Esta, por sua vez, afirma que não usa a roda de tornear como um fim, mas sim como um meio. Por vezes, ela estica a argila para criar asas e protuberâncias não utilitárias, alças extremamente onduladas que atraem nossos olhos e desafiam nossos dedos a segurá-las.

Uma fotografia de 1979, *Ablösung der Haut II, Herrenzimmer* [Removendo a Pele II, o Escritório],[11] mostra a artista suíça Heidi Bucher agachada em frente à janela da casa da sua infância em Winterthur, em cada mão um pedaço do látex perolado descolado das paredes

---

9 Ibid.

10 V. Woolf, «Julia Margaret Cameron», in *Victorian Photographs of Famous Men & Fair Women*. Londres: The Hogarth Press, 1973.

11 A tradução do termo *Herrenzimmer* não conserva a associação presente na língua alemã entre o espaço de trabalho e o lugar reservado aos homens.

cujas marcas eles preservam, estendendo suas asas ao redor de seu corpo. Arrancar a pele da casa e sua memória, arrancá-la das paredes para que voe por outros lugares. Outra foto[12] de Bucher mostra a pele da casa sendo arrancada por meio de uma grua – suspensas, as quatro peles das paredes flutuam sobre a casa da infância. Um quarto só seu desvinculado de seu cunho patriarcal.

> Agora tente imaginar um homem devotado e apaixonado que pretende casar com um anjo do sexo feminino, com asas, harpa e halo, acostumado à sua missão divina. Esse anjo poderia amar o homem de uma maneira que fosse além de seu poder de retribuir e até contemplar, mas sua ideia de trabalho e dever seria de uma escala completamente diferente. É claro que, se fosse um anjo perdido em um país de homens, ele poderia conseguir o que quisesse; mas se ele fosse um homem perdido entre os anjos...![13]

Se matássemos o Anjo do Lar ou a imagem da mãe perfeita, restaria seguir o modelo da «mãe suficientemente boa»,[14] ou das mães que escolhemos para seguir em nossa produção e nossa vida. Uma constelação de mães eletivas, em diálogo ao longo dos tempos, sem hierarquia arbitrária, em íntima e prolífica correspondência.

---

12 H. Bucher, *Fliegender Hautraum Ahnenhaus*. Obermühle, 1980.

13 C. P. Gilman, *Herland – A Terra das Mulheres*. Trad. Lígia Azevedo. São Paulo: Via Leitura, 2019.

14 Conceito criado pelo psicanalista Donald Winnicott (*The Good-enough Mother*, 1953) inspirado em Melanie Klein, que desenvolveu anteriormente a noção de experiências «suficientemente boas» oferecidas pela mãe à criança. Cf. D. W. Winnicott, *La Mère suffisamment bonne*. Paris: Petite Bibliothèque Payot, 2008.

III – MATAR O ANJO DO LAR

ALMA MATERIAL

IV – Canibalizar o Anjo do Lar

> *Ao mesmo tempo, se a feminilidade só podia ser alcançada pelo Anjo do lar de pele clara, cabelos longos e emocionalmente frágil, incapaz de trabalhar fora de casa, as mulheres negras, consequentemente, jamais poderiam ser consideradas mulheres «reais». Antes da integração racial, a população negra desenvolveu as suas próprias versões modificadas dessas normas, mais adequadas à sua realidade*
>
> bell hooks, *Rock My Soul: Black People and Self-Esteem*[1]

> *Se não é necessário que a teoria feminista branca americana lide com as diferenças entre nós, nem com as consequências dessas diferenças nas nossas opressões, então como vocês lidam com o fato de que as mulheres que limpam suas casas e cuidam dos seus filhos enquanto vocês vão a conferências sobre teoria feminista são, em sua maioria, mulheres pobres e de cor? Qual é a teoria por trás do feminismo racista?*
>
> Audre Lorde, «As ferramentas do senhor nunca derrubarão a casa-grande»[2]

---

[1] b. hooks, *Rock My Soul: Black People and Self-Esteem*. Nova York: Atria, 2003.

[2] A. Lorde, «As ferramentas do senhor nunca derrubarão a casa-grande», in *Irmã outsider: ensaios e conferências*. Trad. Stephanie Borges. Belo Horizonte: Autêntica, 2019, p. 140.

IV – CANIBALIZAR O ANJO DO LAR

Contra o Anjo do Lar, há ainda outra possibilidade além do seu assassinato: a de reapropriação cultural. Como Alice Walker comenta, se Virginia Woolf continua sendo uma referência importante para as mulheres negras, sua leitura deve ser revisitada à luz do conjunto de opressões que sofrem. Ao sexismo soma-se o racismo. Ter um quarto só seu não é suficiente. Diante das referências literárias exclusivamente brancas que Woolf aborda, Walker sugere que sejam substituídas por outras, como Zora Neale Hurston, Nella Larson ou Toni Morrison. Isso também é o que tento fazer neste livro, sabendo que, para tanto, tenho que me aprofundar no assunto e seguir deliberadamente outros caminhos de pensamento. Trata-se apenas do começo, trabalho no meu tempo para descobrir outras artistas e autoras, mas este livro se escreve em preto e branco.

Alice Walker propõe, assim, que se canibalize o texto de Woolf. Em um texto intitulado *The Chicken Chronicles*[3] [As crônicas da galinha], escrito em 2011 em homenagem às galinhas que ela cria, uma galinha chamada Gertrude Stein corre o risco de ser devorada pelas outras por causa da preferência que seus donos têm por ela, Walker supõe. Em seguida, ela sugere que o canibalismo dos galináceos se deve à falta de espaço disponível. Esta pode ser também uma das razões pelas quais algumas escritoras negras recorreram ao canibalismo literário de escritoras brancas, sejam elas Stein ou Woolf. Seria uma forma de recriar espaços de expressão e liberdade dentro do discurso de algumas mulheres que tiveram o poder de se expressar no lugar das outras.

Enquanto Walker é vegetariana e cria suas galinhas pelo prazer da relação com os animais, ao comentá-la

---

3 A. Walker, *The Chicken Chronicles. Sitting with the Angels Who Have Returned with My Memories: Glorious, Rufus, Gertrude Stein, Splendor, Hortensia, Agnes of God, The Gladyses, & Babe: A Memoir*. Nova York: New Press, 2011.

pensamos na fotografia da artista afro-estadunidense Carrie Mae Weems, *Black Woman with Chicken* [Mulher negra com frango], da série *Ain't Jokin* [Não é brincadeira], produzida entre 1987 e 1988. Assim como a melancia, o frango frito faz parte dos estereótipos culinários associados à população negra – Weems também fotografa um *Black Man with Watermelon* [Homem negro com melancia] para essa série. A jovem negra olha para a câmera com ar desafiador, uma coxa de frango frito na mão direita, intocada, como que mantida à distância; a mão esquerda na frente da boca, escondendo a parte inferior do rosto, nos indica claramente que esses estereótipos racistas com conotações canibalescas não lhe dão vontade nenhuma de rir – no máximo lhe provocam náusea.

O conceito de canibalismo literário coloca-se sob a égide da escritora martinicana Suzanne Césaire, que o invocou em janeiro de 1942 no número 4 da revista *Tropiques*: «Vamos lá, a verdadeira poesia está em outro lugar. Longe de rimas, lamentos, ventos alísios, papagaios. Fortes e flexíveis como bambus, nós decretamos a morte da literatura fofa. E maldito seja o hibisco, o frangipane, a buganvília. A poesia martinicana será canibal ou não será».[4] Suzanne Césaire é considerada a mãe desaparecida do jardim da literatura da Martinica. Redescoberta a sua obra, uma nova genealogia passa a ser traçada, alternativa àquela fundada por seu marido, Aimé Césaire:[5] «Suzanne Césaire, mãe biológica e metafórica, renasce, assim, nos estudos martinicanos – cinquenta anos após sua morte prematura – como a figura materna de uma árvore cultural que, por meio de

---

4   S. Césaire, *Le Grand Camouflage. Écrits de dissidence (1941-1945)*. Paris: Seuil, 2009.

5   S. Dracius, «Memorial/Memoire: In Search of Suzanne Césaire's Garden», *Research in African Literatures*, Indiana University Press, vol. 41, n. 1, 2010.

IV – CANIBALIZAR O ANJO DO LAR

Édouard Glissant e Frantz Fanon, ramifica-se de Patrick Chamoiseau a Suzanne Dracius, ou mesmo até os seus próprios filhos, a partir do tronco que os Césaires criaram conjuntamente por meio do trabalho realizado na revista *Tropiques*».[6]

O conceito de canibalismo literário deriva do *Manifesto Antropófago* escrito em 1928 pelo poeta brasileiro Oswald de Andrade, que defendia a ingestão simbólica do colonizador e de sua cultura. O canibal torna-se, então, uma figura pós-colonial. O canibalismo como metáfora e prática literária foi retomado mais a fundo pela escritora guadalupense Maryse Condé, que manteve o «caderno do canibalismo» e apresentou em 2003 um seminário em Princetown intitulado «Canibalismo e literatura caribenha», prática literária de resistência política anticolonial e antipatriarcal: «Uma reescritura e uma apropriação mágica da literatura dos *outros*».[7] A leitura de *O morro dos ventos uivantes*, de Emily Brontë, livro que lhe foi dado na entrega de um prêmio literário, a inspirou mais tarde a exercitar a escrita canibal em *Corações migrantes*,[8] publicado em 1995. Tal como ela declara em uma entrevista, a prática do canibalismo literário não era uma novidade. Foi ao ler *Vasto mar de sargaços* (1966), da escritora dominiquesa Jean Rhys, uma canibalização do livro *Jane Eyre*, de Charlotte Brontë, que ela se deu conta de que havia

---

[6] K. Rabbitt, «In Search of the Missing Mother: Suzanne Césaire, Martiniquaise», *Research in African Literatures*, Indiana University Press, vol. 44, n. 1, 2013.

[7] M. Condé, «Unheard Voice: Suzanne Césaire and the Construct of a Caribbean Identity», in A. S. Newson e L. Strong-Leek (orgs.), *Winds of Change: The Transforming Voices of Caribbean Women Writers and Scholars*. Nova York: Peter Lang, 1998.

[8] Id., *Corações migrantes*. Trad. Júlio Bandeira. São Paulo: Rocco, 2002. [N. T.]

uma relação entre a reescritura dos textos das irmãs Brontë e a experiência colonial do Caribe; assim, ela se autorizou a fazer o mesmo.[9]

Em um movimento que poderia parecer análogo ao do canibalismo literário, ou seja, uma apropriação, uma devoração, uma digestão das figuras e das narrativas brancas, a artista afro-estadunidense Betye Saar sequestrou estrategicamente a figura racista da Aunt Jemima [Tia Jemima], personagem publicitária da marca homônima, especializada desde 1893 em produtos para o café da manhã. Uma mulher negra de sorriso largo, submissa e complacente, o Anjo negro do lar da família branca, uma tia em vez de uma mãe. Uma «Mammy», imagem idealizada da maternidade negra, a mãe passiva e cuidadosa que é benquista pela família branca, pela qual também cria apreço.[10] Assim a define a artista e escritora portuguesa Grada Kilomba: «Essa imagem da mulher negra como 'mãe' ['Mammy'] vem servindo como um controle de 'raça', gênero e sexualidade. É uma imagem controladora que confina mulheres *negras* à função de serventes maternais, justificando sua subordinação e exploração econômica. A 'mãe negra' ['Mammy'] representa a relação ideal da mulheres *negras* com a branquitude: como amorosa, carinhosa, confiável, obediente e serva dedicada, que é amada pela família *branca*».[11]

Betye Saar organizou a libertação da Aunt Jemima: «Meu trabalho se politizou após a morte de Martin Luther King Jr. em 1968. Mas *The Liberation of Aunt*

---

9 «Maryse Condé by Rebecca Wolf», *Bomb Magazine*, 1999. Disponível em: <https://bombmagazine.org/articles/maryse-condé>. Acesso em: set. 2022.

10 A figura da «Mammy» na cultura afro-estadunidense corresponderia à figura da «mãe preta» no contexto cultural brasileiro que remonta à escravidão. [N. T.]

11 G. Kilomba, *Memórias da plantação: episódios de racismo cotidiano*. Trad. Jess Oliveira. Rio de Janeiro: Cobogó, 2020, p. 142 (grifo do original).

IV – CANIBALIZAR O ANJO DO LAR

Jemima, produzida em 1972, foi minha primeira obra explicitamente política. O centro comunitário Rainbow Sign de Berkeley, na periferia do território dos Panteras Negras em Oakland, lançou uma chamada aberta para artistas negras e negros participarem de uma exposição sobre os heróis negros. Eu decidi, então, fabricar uma heroína negra».[12]

Betye Saar escolhe uma representação da Aunt Jemima feita para ser um adereço de cozinha. Ela segura um grande lápis na mão e veste um avental que pode ser usado como bloco de notas. Saar decide transformá-la em uma guerreira, substituindo o lápis por um fuzil. Inserida sob a outra mão, que segura uma vassoura, uma granada explosiva, e bolas de algodão a seus pés. No seu avental, vemos a imagem de uma mulher negra segurando um bebê branco em seus braços. Ao fundo, uma infinidade de retratos da Aunt Jemima recobre a caixa, como um papel de parede.

«Hesitei muito antes de usar imagens tão poderosas e negativas quanto essas – pensei em como as pessoas brancas viam as pessoas negras e em como isso influenciava a maneira como os próprio negros e negras se viam [...]. Resolvi a questão representando Aunt Jemima como uma figura revolucionária, reciclei sua imagem, fazendo com que passasse de algo negativo para algo positivo.»[13]

Esse gesto, um dos mais característicos da prática da artista, inicia uma nova etapa na história da representação da mulher negra, cujo impacto ela relembra: «Quando meu trabalho foi selecionado para a exposição WACK! *Art and the Feminist Revolution* no Museu de Arte Contemporânea de Los Angeles, em 2007, a militante e

---

12 B. Saar, «Influences: Betye Saar», *Frieze Magazine*, 27 set. 2016.
13 Ibid.

acadêmica Angela Davis deu uma palestra de abertura na qual disse que o movimento de mulheres negras teve início com meu trabalho *The Liberation of Aunt Jemima*. Foi muito emocionante».[14]

Cerca de dez anos depois, em 1983, a artista feminista afro-estadunidense Faith Ringgold, advinda de uma família que fabricava *quilts* [colchas] desde o século XIX e que vinha perpetuando essa atividade lado a lado com sua mãe, Willi Posey, produz a obra *Who's Afraid of Aunt Jemima* [Quem tem medo da Tia Jemima], sua primeira *quilt* narrativa, que ela fez sozinha após a morte de Willi em 1981.[15] Inspirada por Betye Saar e por *Quem tem medo de Virginia Woolf?*, de Edward Albee,[16] Ringgold pede então à sua filha, a escritora feminista Michele Wallace, que aos 26 anos escrevera o livro *Black Macho and the Myth of the Superwoman* (1979), que crie a narrativa para o *quilt*.

«Faith sugeriu diversas vezes em palestras e em outras ocasiões que minha rejeição ou falta de interesse pela Aunt Jemima estava ligada ao excesso de peso da personagem, que eu achava a Aunt Jemima repulsiva ou repugnante de alguma forma. Fato particularmente interessante tendo em vista que, nessa época, a própria Faith estava prestes a atingir o maior peso que já tivera e enfrentava um grave problema de compulsão

---

14 Ibid.

15 A mãe de Faith Ringgold, Willi Posey Jones, famosa estilista têxtil do Harlem, ensinou-lhe a técnica do *quilt*. Ela, por sua vez, a aprendeu com sua mãe (Ida), que tomou as lições de sua avó (Susie). Willi Posey também foi uma militante, e nos anos 1940 aderiu ao International Ladies Garment Union [Sindicato Internacional das Mulheres da Indústria Têxtil].

16 M. Wallace, *Dark Designs and Visual Culture*. Durham: Duke University Press, 2004.

alimentar.»[17] Wallace se recusa a escrever sobre Aunt Jemima,[18] explicando que ela corria quinze quilômetros por dia para manter Aunt Jemima à distância. Faith Ringgold decide, então, reescrever ela mesma a vida de Aunt Jemima e fazer dela uma mulher forte, com uma carreira e uma família, dando-lhe voz.[19] Aquela que até então era o Anjo negro do lar branco torna-se a dona do seu próprio destino. Faith Ringgold convidou sua filha para escrever sobre Aunt Jemima justamente porque elas não compartilhavam as mesmas opiniões sobre essa figura.

A proposta seguiu-se às críticas da mãe à sua filha após a publicação de *Black Macho*. Em 1980, Faith Ringgold escreve, então, *A Letter to My Daughter, Michele Wallace. In Response to Her Book,* Black Macho and the Myth of the Superwoman, livro que só foi publicado muito mais tarde, em 2015. «Um silêncio ensurdecedor rodeava este livro desde que o escrevi em 1980, 35 anos atrás. Por que uma mãe não pode ter a liberdade de criticar sua filha? A filha é perfeita, ou a mãe que é imperfeita? Descubramos por que a filha tem o direito de criticar a

---

17 Id., «Who's Afraid of Aunt Jemima? (1983) by Faith Ringgold», no blog *Black Macho and the Myth of the Superwoman Reloaded*, 29 fev. 2012. Disponível em: <http://blackmachorevisited.blogspot.com/2012/02/whose-afraid-of-aunt-jemima-painted.html>. Acesso em: set. 2022.

18 A recusa de Wallace em escrever sobre Aunt Jemima na época teve caráter excepcional, dado que mãe e filha já colaboravam havia bastante tempo, como na fundação da WSABAL (Women Students and Artists for Black Art Liberation), bem como da National Black Feminist Organisation, em 1973, junto com Margaret Sloan-Hunter, lésbica afro-feminista e primeira editora da revista *Ms. Magazine*, organizada por Gloria Steinem. Michele Wallace aparecerá na capa da revista em dezembro de 1978. Ver a entrevista com Wallace feita por Mary Lodu em *The Third Rail*, n. 9, 2016. Disponível em: <http://thirdrailquarterly.org/mary-lodu-michele-wallace/>. Acesso em: set. 2022.

19 Ver a entrevista com Faith Ringgold para o National Visionary Leadership Project (NVLP), 2010. Disponível em: <https://www.youtube.com/watch?v=K1AXCF2h3cQ>. Acesso em: set. 2022.

mãe e por que a mãe precisa manter um silêncio ensurdecedor. Por quê? Por que funciona assim?»[20]

Ringgold critica a associação do machismo com a negritude, gesto que considera racista, ainda que apareça apenas no título do livro. Wallace desde então tem nuançado suas posições expressas em *Black Macho and the Myth of the Superwoman* e explica em um prefácio que, na época, ela acreditava que apenas as relações entre homem e mulher e entre mãe e filha dentro da comunidade negra eram contaminadas pela imagem projetada da família branca estadunidense. Hoje, ela afirma que toda a sociedade dos Estados Unidos estava contaminada.[21] O livro é dividido em duas seções: de um lado, «Black Macho», e, do outro, «The Myth of the Superwoman». Nessa segunda parte ela ataca diretamente a figura da Aunt Jemima como sendo repulsiva da mesma forma que Porgy & Bess,[22] e rejeita as figuras femininas de sua família por considerá-las dominantes demais, fortes demais, castradoras demais. «Qualquer que fosse seu status, ela aprenderia em sua adolescência que as mulheres negras eram tratadas como animais durante a escravidão, que ser negra de alguma forma significava ser má, que o arquétipo de mulher negra estava limitado a ser a Aunt Jemima ou uma prostituta, e que ela teria que sorrir se não quisesse que os homens negros pensassem que ela era dura e 'matriarcal'.»[23]

---

20 F. Ringgold, *A Letter to My Daughter, Michele Wallace. In Response to Her Book,* Black Macho and the Myth of the Superwoman. Scotts Valley: CreateSpace Independent Publishing Platform, 2015.

21 M. Wallace, «How I Saw It Then, How I See It Now», in *Black Macho and the Myth of the Superwoman*. Nova York: Verso, 1990.

22 Porgy and Bess é uma ópera do compositor estadunidense George Gershwin, executada pela primeira vez em 1935. Para alguns militantes do movimento negro, a história dos dois protagonistas que dão título à obra reforça estereótipos negativos sobre a população negra nos Estados Unidos. [N. T.]

23 Wallace, «How I Saw It Then, How I See It Now», op. cit.

IV – CANIBALIZAR O ANJO DO LAR

Após escrever vários livros dedicados à crítica da cultura popular negra, da Vênus Hotentote a *E o vento levou*, passando pelo filme *Watermelon Woman*, de Cheryl Dunye,[24] Wallace passa a interpretar de outra forma sua primeira obra e estabelece uma relação mais pacífica com sua mãe: «Mas, à medida que amadureço, começo a apreciar esse presente que me foi dado, essa herança complexa que me foi legada. Há, especialmente em *The French Collection*, várias lições importantes sobre o entrelaçamento de vidas e do amor entre mães e filhas».[25]

---

[24] Para mais detalhes, consultar o capítulo VII, sobre a fabulação crítica.

[25] M. Wallace, «The French Collection: Moma Jones, Mommy Faith, and Me», in *Dancing at the Louvre, Faith Ringgold's French Collection and Other Story Quilts*. Oakland: University of California Press, 1998.

ALMA MATERIAL

V – Mudar de nome

A reapropriação diz respeito às grandes narrativas e suas figuras metafóricas, mas também pode ocorrer em um âmbito mais íntimo e aplicar-se à própria identidade das escritoras e artistas. Enquanto Michele Wallace por vezes se apresenta como Michele Faith Wallace, a autora feminista e ativista estadunidense bell hooks criou seu nome a partir do nome de sua bisavó materna, Bell Blair Hooks, rejeitando o nome que lhe foi dado por sua mãe, uma dona de casa e esposa feliz em se submeter ao silêncio e à obediência: «Uma das muitas razões pelas quais escolhi escrever usando o pseudônimo bell hooks, um nome de família (mãe de Sarah Oldham, avó de Rosa Bell Oldham e minha bisavó), foi para construir uma identidade-escritora que desafiasse e dominasse todos os impulsos que me levavam para longe da fala e em direção ao silêncio».[1] Essa bisavó sonhada, que ela reinventa e por meio da qual inventa a si mesma, permite que ela devolva Gloria[2] aos seus pais e siga em frente: «No final, não senti como se tivesse matado a Gloria da minha infância. Em vez disso, eu a resgatei. Ela não era mais o inimigo dentro de mim, a garotinha que tinha de ser aniquilada para a mulher poder existir. Na escrita sobre ela, reivindiquei aquela parte de mim que eu tinha há muito tempo rejeitado, abandonado, justamente como ela se sentiu muitas vezes: sozinha e abandonada quando criança. Recordar era uma parte do ciclo de reconciliação, da junção de fragmentos, 'os pedacinhos do meu coração' que a narrativa fez inteiro novamente».[3]

bell hooks soube manter distância do nome vinculado à submissão que lhe era prometida e, assim, reivindicou outro destino, o de escritora, inspirando-se no passado e

---

1 b. hooks, *Erguer a voz: pensar como feminista, pensar como negra*. Trad. Catia Maringolo. São Paulo: Elefante, 2019, p. 38.

2 Gloria Jean Watkins é o nome de batismo da escritora bell hooks. [N. T.]

3 hooks, *Erguer a voz*, op. cit., p. 321.

V - MUDAR DE NOME

construindo-o à luz de seu futuro desejado. Foi a imagem da menina negra boazinha, obediente e de cabeça baixa que ela teve que aniquilar para poder avançar. Uma mitologia particular da mulher negra favorável aos mecanismos de dominação.

Toni Cade Bambara,[4] nascida Miltona Mirkin Cade, mudou seu nome para Toni aos cinco anos de idade; depois, em 1970, ela adotou o sobrenome «Bambara», que aparecia em assinaturas presentes nos cadernos de sua bisavó, encontrados em um baú que lhe pertencia.[5]

Da mesma forma, Audre Lorde removeu o Y do seu nome, Audrey: «Eu não gostava da perna do Y de Audrey que pendia abaixo da linha e eu sempre me esquecia de inseri-lo no meu nome, o que incomodava muito minha mãe. Eu gostava de dizer AUDRELORDE aos quatro anos de idade, mas me lembro de adicionar o Y porque isso a agradava e era assim que tinha que ser porque assim eram as coisas, ela insistia. Nenhum desvio era autorizado, eu devia seguir o que ela considerava correto».[6] Foi então contra a vontade de sua mãe que a autora removeu a perna incômoda que encerrava seu nome.

Em seu livro *Irmã Outsider*, Lorde vai mais longe ao propor uma desbiologização da maternidade. O fardo de nossa emancipação não pode recair unicamente sobre nossas mães e podemos aprender a maternar nós mesmas:

---

4 Descoberta no blog *Feux noirs: frayer dans un monde impossible*, da filósofa Yala Nadia Kisukidi. Disponível em: <http://feux.noirs.over-blog.com/2018/09/meres-enchanteresses-et-filles-perverses.html>. Acesso em: set. de 2022.

5 Bambara é também um dos principais idiomas do Mali e o nome de um grupo étnico da África Ocidental.

6 A. Lorde, *Zami: A New Spelling of my Name*. Berkeley: Crossing Press, 1982.

«Mas nós podemos mudar esse cenário. Podemos aprender a ser mães de nós mesmas».[7]

bell hooks, Toni Cade Bambara e Audre Lorde adotaram, todas as três, um novo nome para levantar voo. Não um nome de homem, como algumas feministas e artistas brancas fizeram em resposta ao sexismo, mas um nome de mulher diferente daquele que lhes foi dado no nascimento. Um segundo nascimento desbiologizado para lutar contra os estereótipos associados ao sexo.

Em 2008, Saidiya Hartman conta o que motivou sua mudança de nome na universidade:

> Em um gesto de autoconstrução destinado a obliterar o controle dos meus pais sobre mim e imolar a filha que eles esperavam em vez da que eu era, mudei meu nome. Abandonei o Valarie. Ela era a princesa que minha mãe desejava que eu fosse, toda em seda e tafetá, doce e gentil. Ela era a garota mimada que minha mãe seria se tivesse sido criada na casa de seu pai. Valarie não era um nome da família, mas um que ela escolhera para mim para amenizar a vergonha de ser a filha bastarda do dr. Dinkins. [...] Era para apagar a vergonha que minha mãe sentia da pobre menina negra que ela foi. Assim, em meu segundo ano de faculdade, adotei o nome Saidiya. [...] Saidiya libertou-me da desaprovação dos meus pais e cortou os ramos burgueses de minha genealogia. [...] Eu o encontrei num livro de nomes africanos e significa «ajudante».[8]

---

[7] Id., *Irmã outsider: ensaios e conferências*. Trad. Stephanie Borges. Belo Horizonte: Autêntica, 2019, p. 221. Ver também: A. P. Gumbs, C. Martens e M. Williams, *Revolutionary Mothering: Love on the Front Lines*. Oakland: PM Press, 2016.

[8] S. Hartman, *Perder a mãe – uma jornada pela rota atlântica da escravidão*. Trad. José Luiz Pereira da Costa. Rio de Janeiro: Bazar do Tempo, 2021.

V – MUDAR DE NOME

Hartman descobre então que o nome suaíli que havia escolhido, em vez de afastá-la do apagamento de suas origens, carregava em si mesmo a língua da mercantilização e da escravidão, das relações comerciais entre negociantes árabes, africanos e portugueses. Esse novo nome não mudava nada, portanto – mas ela o manteve mesmo assim. Isso lhe deu a oportunidade de aprender sobre a ficcionalização e a contestação de heranças indesejadas.

Em 2019, a teórica cultural israelense e francesa Ariella Azoulay publicou o livro *Potential History* [História em potencial], no qual ela explica por que agregou o nome de sua avó paterna, Aïsha, de origem argelina, ao seu sobrenome. Seu pai havia escondido dela suas origens argelinas, que ela só descobriu após a morte dele, ao examinar sua certidão de nascimento. Ela reivindica, assim, sua arabidade e se recusa a perpetuar a escolha do patriotismo colonial que destruiu o mundo de sua avó. Ela rejeita a herança de seu pai em favor da herança pré-colonial de sua avó, preferível e historicamente mais justa. Ela abraça, assim, a herança da judia árabe, figura problemática tanto quanto política e contestadora:

> Abraçar o nome Aïsha é minha tentativa de preservar o potencial que ele guarda em si mesmo, o potencial que sobreviveu a uma longa história que começa antes mesmo do decreto Crémieux (1870) e que se estende até a forma atual do sionismo e do Estado de Israel. Trata-se de uma tentativa de reverter o imperativo que posiciona a identidade judaica em total oposição à identidade árabe. Afinal, o decreto Crémieux foi uma ação imperialista francesa que não apenas concedeu cidadania a um grupo específico de argelinos não muçulmanos (como é frequentemente descrito), mas iniciou o trabalho, que os sionistas mais tarde procuraram completar, de transformar os

judeus e judias argelinos em um grupo de cidadãos e cidadãs franceses de segunda classe, não árabes e semieuropeus. Esse decreto destruiu todo um mundo, colocando alguns grupos à parte da população colonizada em geral e contra elementos constitutivos de sua própria identidade. Aos olhos da minha Aïsha, a destruição imperial dos bens comuns na Palestina foi exercida de maneira semelhante: como a reiteração de um empreendimento similar iniciado décadas antes, ao oeste, ao longo da costa sul do Mediterrâneo.[9]

Mães, avós e bisavós, assim como a escolha de se posicionar a favor ou contra elas, desempenham um papel considerável na luta contra a reprodução de legados patriarcais pós-coloniais. Tal como a filósofa Yala Nadia Kisukidi comenta em seu texto «Mères enchanteresses et filles perverses» [Mães feiticeiras e filhas perversas] (2018), publicado em seu blog *Feux noirs*, é preciso explodir a linha que separa autenticidade e traição: «Uma vez eliminadas as linguagens da autenticidade e da traição, torna-se possível o engajamento em práticas e políticas que dão poder e força. E, para tanto, primeiramente é preciso mentir. Mentir muito. Recusar o tribunal da verdade que diz como as coisas são e quais caminhos devem seguir. Escrever é fazer isto: queimar o tribunal». Fantasiar a própria identidade e colocá-la em prática dando-lhe muito mais sentido. Reapropriar-se da tecelagem dos fios narrativos.

---

9   A. A. Azoulay, *Potential History. Unlearning Imperialism.* Nova York: Verso, 2019.

V - MUDAR DE NOME

ALMA MATERIAL

VI – Mais do que a soma de nossas partes

É muito mais difícil matar um fantasma do que uma realidade. A luta contra a mitologia, mesmo literária e poética, associada às diversas figuras da «mulher» (virgem, mãe, amante, prostituta etc.) é uma tarefa infinita a ser renovada geração após geração. O mesmo se aplica às representações metafóricas da mulher na arquitetura, tais como as cariátides. Virginia Woolf as evoca em 1922, em *O quarto de Jacob*:

> Jacob se levantou e caminhou até o Erecteion. Ainda se veem ali varias mulheres em pé [as cariátides] sustentando o teto sobre a cabeça. Jacob aprumou-se um pouquinho, pois estabilidade e equilíbrio são as coisas que primeiro afetam o corpo. Essas estátuas anulavam as coisas assim! [...] «Malditas mulheres – malditas mulheres!», pensou. E foi pegar o livro que deixara caído no chão do Partenon. «Como elas estragam as coisas», murmurou, encostando num dos pilares, apertando bem o livro embaixo do braço. [...] «São essas malditas mulheres», disse Jacob, sem nenhum traço de amargura, mas, antes, com tristeza e desapontamento ao pensar que o que poderia ter sido jamais será. (Essa violenta desilusão é, em geral, esperada em homens jovens no ápice da vida, saudáveis e robustos, que logo se tornarão pais de família e diretores de bancos). [...] Jacob caminhou até o Erecteion e olhou meio que furtivamente para a deusa [a cariátide] do lado esquerdo, uma das que sustentavam o teto sobre a cabeça. Ela lhe lembrava Sandra Wentworth Williams. Olhou para ela, depois desviou o olhar. Olhou para ela, depois desviou o olhar. Estava extraordinariamente comovido, e com

> o desgastado nariz grego na cabeça, com Sandra na cabeça, com todo tipo de coisas na cabeça [...][1]

O caráter ambivalente das estátuas gregas no Partenon é assim transferido às mulheres que assombram a vida de Jacob, o herói de Woolf. A historiadora inglesa e helenista Mary Beard[2] salientou, em 2002, que o Erecteion referido nesse excerto foi convertido em um harém pelos turcos e que a sequência de cariátides em sua fachada servia como um aviso dos perigos inerentes às delícias que abrigava.[3] Jacob desconfiava do amor e não sabia nada sobre ele, morrendo jovem antes de poder ter qualquer experiência sentimental além da companhia de algumas prostitutas, dividido entre a mercantilização ocasional dos corpos e um respeito excessivo misturado a certo medo dessas criaturas estranhas que são as mulheres, ora tão bobas, ora tão inteligentes.

Em seu livro *Monuments & Maidens: The Allegory of the Female Form* [Monumentos & donzelas: a alegoria da forma feminina], publicado em 1985, a autora e ensaísta britânica Marina Warner se propôs a descrever e interrogar a abundante representação de mulheres na estatuária com o propósito de personificar grandes ideias e conceitos, como a Justiça ou a Liberdade, por exemplo, mencionando as cariátides desde as primeiras páginas. «É um estudo revelador e incrivelmente acessível acerca de como todo tipo de qualidade, da liberdade à sabedoria, tem sido representada ao longo da história sob a forma feminina. Por que mulheres? E o que essas rainhas

---

1 V. Woolf, *O quarto de Jacob*. Trad. Tomaz Tadeu. Belo Horizonte: Autêntica, 2019.

2 O primeiro livro que Mary Beard publicou, em 1989, chama-se *The Good Working Mother's Guide* [O guia da boa mãe trabalhadora], um guia prático para a maternidade.

3 M. Beard, *The Parthenon*. Londres: Profile, 2010.

míticas e combativas (como Boadiceia com seus cabelos esvoaçantes e suas carruagens assassinas) têm a ver com a imagem das mulheres de hoje?», escreveu Mary Beard sobre o livro.[4]

Warner leva em conta a presença feminina tanto na estatuária pública quanto nas peças publicitárias: «Os selos dourados nas latas de azeite, que garantem que o precioso conteúdo há muito tempo é considerado digno de seu título – virgem, primeira prensa – são estampados com meninas; figuras femininas descansam nos portões da Bolsa e vigiam a entrada dos bancos; a entrada principal da Macy's, considerada a maior loja do mundo quando abriu, é ornada com quatro cariátides divididas em pares e de mãos dadas».[5] O que caracteriza essas cariátides é, acima de tudo, sua virgindade, esse frescor que precede o desabrochar, como se tivessem sido paralisadas na pedra antes que pudessem desenvolver seu devir-mulher.

Enquanto, no livro de Woolf, Jacob associa uma das cariátides a uma mulher em particular, a mitógrafa Marina Warner – como ela mesma se define – explica que essas figuras alegóricas raramente fazem referência a uma mulher específica, mas atuam, sobretudo, como veículos da metáfora – conchas vazias, sem fantasmas.

Cinco anos antes da publicação de *Monuments & Maidens*, a artista Francesca Woodman fez *Blueprint for a Temple* (1980), uma colagem monumental composta de 29 fotografias impressas em *blueprint* de arquitetura, reunidas um ano antes de sua morte. Esse templo de papel, que foi exposto apenas uma vez,[6] é sustentado por

---

[4] «Jane Eyre, The Odyssey and White Teeth: Mary Beard's Six Best Books», *Daily Express*, 30 maio 2014.

[5] M. Warner, *Monuments & Maidens: The Allegory of the Female Form*. Londres: Weidenfeld & Nicolson, 1985.

[6] Na exposição *Spies in the House of Art: Photography, Film, and Video*. Nova York: Metropolitan Museum of Art, 2012.

VI - MAIS DO QUE A SOMA DE NOSSAS PARTES

cinco cariátides encenadas pelas amigas de Woodman nos banheiros antigos de seus apartamentos no East Village. Mãos escondendo os rostos, cotovelos levantados, elas foram impressas em escala humana. Os drapeados dão a ver a coluna de seus corpos de moças dóricas em uma brancura circunstancial que remete tanto às estátuas quanto ao esmalte das pias. Um sonho que facilmente cobriria todo o quarto de Jacob.

Quatro anos antes de Woodman, Hannah Wilke criou o *Hannah Wilke Monument* na Albright Knox Gallery, em Buffalo, no dia 4 de julho de 1976. Na frente de quatro estátuas de pedra de Augustus Saint-Gaudens, entre as oito cariátides que adornam a fachada leste do museu – claramente inspirada na fachada do Erecteion –, ela colocou três autorretratos fotográficos, com mais de três metros e meio de altura, em que aparece de pé, descalça sobre um bloco de pedra, rosto impassível, coroa de louros na cabeça, cabelo solto, drapeado branco com babados batendo abaixo do umbigo remetendo aos drapeados das estátuas de pedra ao fundo. As duas figuras à esquerda e à direita mostram-na de braços cruzados com as mãos sob as axilas, escondendo os seios; a figura do meio tem os braços colados ao corpo e os cotovelos apoiados na cintura, com os antebraços abertos, as palmas das mãos abertas e os seios à mostra:

> Como a escultura grega, a arquitetura grega baseava-se profundamente na ideia de «perfeição» ou de «proporções perfeitas», associada por alguns pesquisadores e pesquisadoras à proporção áurea. A formulação grega acerca das proporções corretas, seja na escultura, seja na arquitetura, era um cânone que devia ser seguido. Era, também, um espaço marcado por um gênero, uma formulação baseada nas proporções do corpo masculino, e não do feminino.

A idealização do corpo, baseada no homem e não na mulher, situava a mulher como a outra, como aquilo que não é perfeito.[7]

A escultora estadunidense Muriel Castanis criou, em 1982, seis anos depois de Wilke, as *Corporate Goddesses*, instaladas no 23º andar da California Street, 580, em São Francisco: «As formas neoclássicas das 'deusas corporativas' de Muriel Castani são surpresas ocultas nas alturas do bairro empresarial».[8] Uma série de doze estátuas, divididas em grupos de três, enfeitam cada lado do edifício; feitas de fibra de vidro, são também uma resposta ao trabalho de Augustus Saint-Gaudens. As estátuas se apresentam como conchas vazias, os drapeados cobrem corpos invisíveis – são ocas, sublimando o *páthos* de sua gestualidade afetada, braços estendidos, capuzes inclinados, esvaziados de sua substância.

Em um vídeo de 1974 intitulado *Gestures*, Hannah Wilke explora uma série de gestos em frente à câmera durante 35 minutos e meio. Ela põe a mão sobre o rosto, pressiona com força arrastando sua carne, cria gestos atenciosos, cuidando e esculpindo a si mesma, carícias e bofetões, modelagem e cartografia. «Ree Morton me disse que ela quase chorou quando viu minha primeira fita de vídeo, *Gestures*, em 1974. Foi incrível ela ter tido a coragem de me contar. Eu me expus posando, e ela conseguiu ver além disso; ela viu o *páthos* além da pose.»[9] As artistas aqui mencionadas parecem ter se proposto justamente a esta tarefa: ver o *páthos* além da pose – ou seja, reinjetar

---

7 T. Fitzpatrick, «Hannah Wilke: Making Myself into a Monument», in T. Fitzpatrick (org.), *Hannah Wilke: Gestures*. Purchase College: Neuberger Museum of Art, 2009.

8 R. Solnit, *Infinite City: A San Francisco Atlas*. Oakland: University of California Press, 2010.

9 Hannah Wilke em entrevista para Ruth Iskin, *Visual Dialog*, verão 1977.

afeto nas posturas em que as mulheres estão imobilizadas há muito tempo.

Lembremos da fotografia de Francesca Woodman em que ela devolvia os pés da mesa à floresta. Em uma fotografia tirada no mesmo ano na MacDowell Colony, ela projeta-se para a frente esticando seus braços para trás em direção a uma floresta de bétulas, tendo os pulsos e antebraços cobertos com as cascas dessas árvores. Em julho de 1980, ela produz *An Odalisque*, um friso feito de sete fotografias impressas em *blueprint* – duas das quais retratam mulheres de costas, nuas das omoplatas até as nádegas, margeando cinco fotografias de sofás cujas curvas da madeira remetem às curvas dos corpos; em uma das fotos, um homem posa lânguido sobre o sofá, traçando uma linha sinuosa ininterrupta entre o corpo e o mobiliário. Ali, as cariátides voltam à vida. Francesca Woodman parece ter instituído um conjunto de rituais que nos convidam a debater, questionar e transcender a representação da mulher na arte, e parece responder antecipadamente ao livro de Marina Warner que denuncia a descorporificação das estátuas de mulheres que povoam Nova York, Paris e Londres.

Em 26 de abril de 1984, *Les Dites Cariatides*, um curta-metragem de treze minutos da diretora francesa Agnès Varda, foi transmitido pela Antenne 2. O filme começa com a câmera subindo dos pés à cabeça de uma cariátide que é um poste de luz. Um jovem nu passa por ela na rua. A voz em off afirma: «O nu na rua é mais frequentemente feito de bronze do que de pele humana, é mais de pedra do que de carne. E vemos assim, sem assombro, moças despidas iluminando calçadas ou decorando edifícios de forma graciosa e lasciva». Pouco depois, vemos mulheres debruçadas nas varandas, limpando com vassouras a enorme cairátide alada da rue de Turbigo, 57. Mistura de cariátide e Anjo do Lar, essa figura incorpora muitas metáforas e precisa ser constantemente revigorada.

ALMA MATERIAL

Agnès Varda, *Les Dites Cariatides*, 1984.

VI – MAIS DO QUE A SOMA DE NOSSAS PARTES

Em 1986, a artista britânica Helen Chadwick produz *Oval Court*, uma grande piscina azul, descrita por Marina Warner no catálogo *Of Mutability,* cercada por doze pares de colunas salomônicas tendo em seu topo o rosto da artista aos prantos. Suas lágrimas escorrem do seu rosto tornando-se folhagens azuis que se estendem retorcidas ao longo das colunas como que em fusão com o azul melancólico do Paraíso perdido que ela reconstituiu para a exposição: «Desde o início era o azul. Fui atraída pelo azul – aquilo com que me identificava mais, no rococó, era a sensação de uma realidade congelada palpitando constantemente. E isso se dá pelos ritmos e linhas assimétricas, sinuosas. Me parece também que a cor em que não conseguimos discernir nem a gravidade, nem a perspectiva, é o azul – é a única, dado que remete tanto ao mar como ao ar».[10]

Uma infinidade de corpos humanos, animais, vegetais, bem como objetos fotocopiados e reunidos, parecem flutuar no azul e no branco – como nos *blueprints* de Francesca Woodman. Helen Chadwick bicéfala, deitada de costas, nos mostra seus dois perfis siameses, corte de cabelo *à la* Louise Brooks, olhos fechados, seios descobertos, completamente nua, não fosse por um drapeado cobrindo seus ombros. Uma mão se encarrega de esticar a corda que prende o cabo de um machado que, por sua vez, lhe serve de tapa-sexo. Um grande buquê de cardos sob o cotovelo; a outra mão (a segunda, mas é possível encontrar uma terceira escondida noutro lugar) apanha uma braçada de trigo. Em outro autorretrato, nua com meias, contorcida como se nadasse debaixo d'água, paralisada no meio de uma pirueta, parece prestes a beijar um cordeiro. Uma terceira versão de Chadwick levanta um braço no ar, o outro dobrado à frente do seu sexo, um longo colar

---

10 H. Chadwick, citada por M. Warner, «In the Garden of Delights: Helen Chadwick's *of Mutability*», *Of Mutability*, ICA, 1986.

de pérolas ergue-se ao redor de seu pescoço e pequenas conchas saem de sua boca como bolhas de ar tentando alcançar a superfície desse redemoinho azul feito de anzóis, estrelas do mar, plantas, algo que parece um pequeno caranguejo, uma lagosta... Uma espécie de sereia, que após libertar suas pernas de uma rede de pesca, as abre revelando um cardume de pequenas sardinhas; com uma mão, segura uma lula em uma coleira; com a outra, deixa escapar um pedaço de rede de pesca. À sua direita, vemos uma raia gigantesca cuja parte inferior, entre as fendas branquiais, parece sustentada por dois pares de dedos fotocopiados da artista. Uma nadadora, com uma corda ao redor do pescoço, nua, sexo exposto, braços abertos, pernas fechadas, parece cuspir o conteúdo de uma hipotética cornucópia cheia de frutas e vegetais: romãs, laranjas, alcachofras, pimentões, uvas, tomates, partidos ao meio ou em rodelas. Outra nadadora, de pernas e braços abertos, mostra seus glúteos, para onde uma pena branca aponta; ela parece também ter cuspido penas, e arrasta, preso a uma corda, uma espécie de fetiche feito de tecido e renda amarrados de modo que formam duas partes de uma virilha metafórica à qual uma mão sem braço se agarra. Uma última, com um pano enrolado na cabeça, deita-se descontraidamente despida ao lado de um cisne cuja cabeça, justaposta a um dos seus seios, é uma espécie de gêmeo, uma garra da pata dele presa a ela ao lado do seu umbigo.

Mais do que em William Glass, citado por Marina Warner em seu ensaio, penso em Maggie Nelson diante dessa instalação, que poderia muito bem ter sido mencionada em seu livro *Bluets*. Como Helen Chadwick, a escritora e poeta também se interessou pelo azul e dedicou uma série de considerações e impressões a ele:

> 180. Ainda não falei da princesa do azul, o que é um tanto intencional: não é prudente passar muitas

> informações sobre uma boa *dealer*, e ela tem sido, há quase duas décadas, uma excelente e fundamental fornecedora de azul. Mas vou dizer o seguinte: na outra noite, sonhei que a visitava em sua floresta. No sonho, ela estava sentada de pernas cruzadas, assim como eu, mas levitava. Ela não era uma divindade – simplesmente eu a havia procurado e agora eu era a sua convidada. A floresta era translúcida. Nós conversamos. Ela me ensinou que a poluição também poderia ser venerada, apenas porque ela existe. Mas o Éden, ela me disse, não existe. E essa floresta em que estamos sentadas. Ela não existe de verdade.[11]

A floresta de Nelson, como a piscina de Chadwick, figura um Éden improvável, fixado no azul, onde tudo levita e flutua, uma mistura de ornamentos e detritos, natureza ao mesmo tempo morta e viva. A princesa a que Maggie Nelson se refere poderia igualmente ser uma sereia, Leda, a siamesa, Deméter ou Afrodite, as quais poderiam ter sido convocadas por Chadwick para a sua *Oval Court*. Chadwick parece, por sua vez, ter se inspirado nas poses que vemos em obras famosas como *Mademoiselle O'Murphy*, retratada por François Boucher em 1752, ou *Sainte Thérèse*, esculpida por Bernini por volta de 1647.[12] Trata-se de figuras mitológicas ou imaginárias da mulher, transformadas por essas artistas em mulheres poderosas, libertas do peso de suas amarras.

Voltemos às cariátides mais uma vez.

A crítica feminista ao teto de vidro da arquitetura também passa historicamente pela reapropriação da figura das cariátides. Em 1992, três mulheres, membros da CWA

---

11 M. Nelson, *Bluets*. Seattle: Wave Books, 2009.
12 M. Horlock, «Between a Rock and a Soft Place», in M. Sladen (org.), *Helen Chadwick*. Londres/Ostfieldern: Barbican Art Gallery/Hatje Cantz, 2004.

(Chicago Women in Architecture), criam um grupo mais radical chamado CARYATIDS, que como sigla diz «Chicks in Architecture Refuse to Yield to Atavistic Thinking in Design and Society», algo como «garotas da arquitetura que se recusam a se submeter ao atavismo do pensamento no design e na sociedade». CARY, seu nome abreviado, organiza em 1993, na Randolph Street Gallery em Chicago, uma exposição intitulada «More Than the Sum of Our Body Parts» [Mais do que a soma de nossas partes], que critica com humor e eficácia o *stablishment* arquitetônico. CARY tinha sessenta membros (homens e mulheres), sendo liderado por três mulheres: Carol Crandall, Sally Levine e Kay Janis, organizadoras do evento.

A exposição incluía, na ocasião do vernissage, uma cariátide de papelão – que lembra as efígies de Hannah Wilke – cujo rosto havia sido recortado para acomodar os rostos dos membros do CARY.[13]

Moyra Davey publicou mais recentemente um pequeno texto intitulado «Caryatids & Promiscuity», no qual ela compara, em uma fotografia que fez (*White Tanks*, 1979), suas quatro irmãs com um conjunto de cariátides: «uma foto que fiz das minhas irmãs adolescentes, em que elas se parecem um pouco com as cariátides gregas. Vemos, então, as minhas irmãs corpulentas vestindo suas regatas brancas, se impondo confiantes diante das bordas de uma moldura 35 mm, dando a impressão de que de fato poderiam sustentar o teto de um templo».[14] *White tanks* é, na verdade, uma sequência de três fotografias das suas irmãs, alinhadas verticalmente; duas delas as enquadram

---

13 *More Than the Sum of Our Body Parts: An Exhibit by CARY*, 1992-93. Blacksburg: Virginia Polytechnic Institute and State University, 1994.

14 M. Davey, «Caryatids & Promiscuity», in C. Wills (org.), *I'm your Fan*. Londres: Camden Arts Centre, 2014. Reeditado pela Paraguay Press por ocasião do seminário «The Library is a Living Organism». Paris: Lafayette Anticipations, 2015.

abaixo da cintura, enquanto a última é um plano mais fechado. Uma das irmãs mantém a mesma pose e atitude nas três imagens, enquanto as outras três trocam de lugar e se movem, criando um efeito de alternância à medida que rapidamente deslizamos o olhar de uma foto para a outra.

Outra série de três fotografias de Moyra Davey dispostas na vertical, *Tattoos*, também de 1979, captura três de suas irmãs vestidas apenas com camisetas brancas, enquadradas abaixo dos seios até os joelhos. A primeira foto mostra em um plano mais fechado as tatuagens de cada uma; duas delas nos quadris e a terceira no púbis. Como em *White Tanks*, elas mudam de posição entre o lado direito, esquerdo e o centro, ocupando respectivamente todos os lugares possíveis no quadro. Mesmo presas no espaço fotográfico, parecem conseguir se libertar graças a seus deslocamentos e sua deliberada indiferença quanto à exposição de seus sexos. Na segunda foto, tirada quando ainda vestiam seus jeans desabotoados e abaixados, uma das irmãs vem de fora do enquadramento encaixar seu joelho entre outros dois. Uma terceira série de três fotos das quatro irmãs, *Striped Shirts* (1979), as mostra, enquadradas em plano americano, todas usando blusas com listras de diferentes espessuras e tons de preto. Elas continuam no mesmo lugar, as duas mais próximas da câmera mantêm a mesma pose e expressão enquanto as duas mais ao fundo movimentam o olhar e a cabeça; uma mão se levanta, braços se cruzam. Resta uma esperança às cariátides: desestabilizar o olhar pelo excesso das listras, como um *razzle-dazzle*, ou deixar que acreditem que elas continuam em seus lugares.

Moyra Davey, *White Tanks*, 1979.
Impressão de gelatina de prata.

Em *The Classical Debt*, publicado em 2017, Johanna Hanink cita um livro infantil disponível no museu da Acrópole de Atenas, intitulado *Adventures of the Acropolis' Marbled Girls, A True Story that Took Place on the Rock of the Acropolis*, de Eleni Tounta (2014). Hanink destaca uma cena em particular na qual as cinco cariátides que restam em Atenas, expostas no Museu da Acrópole, são informadas de que uma de suas irmãs foi desmontada em 1806 por Lord Elgin e em seguida vendida para o Museu Britânico em Londres: «Ela se sente só... Ela pensa em vocês dia e noite. Ela está presa, mas, como uma perdiz presa na armadilha, ela gostaria de estar de novo perto de vocês. Ela não quer envelhecer nesse lugar terrivelmente úmido. Também pude ver as manchas que parasitas deixaram sobre ela, que vive sem sol e nem luz nessa terra estrangeira. Ela chora toda vez que se lembra de vocês».[15] O Erecteion tem atualmente seis cariátides que são réplicas, e o Museu da Acrópole preserva em sua instalação um lugar para a cariátide que falta. No dia 7 de junho de 2014, a soprano Sonia Theodoridou viajou, acompanhada de seis moças vestidas como cariátides, de Atenas até Londres ao encontro da sua irmã como forma de protesto.

Se algumas cariátides se parecem com mulheres, certas mulheres, por sua vez, se parecem com cariátides:

> Se a beleza de sua avó lembrava um busto do período mais áureo da arte grega, Stella também tinha uma beleza grega, mas de uma Grécia mais tardia e decadente, chamando a atenção sobretudo por suas linhas mais suaves e sua forma mais lânguida. [...] Stella era suscetível e modesta, mas, talvez por aquilo que chamamos de charme ou magia, era incrivelmente

---

15 E. Hadjoudi-Tounta, *Adventures of the Acropolis' Marbled Girls, A True Story that Took Place on the Rock of the Acropolis.* Atenas: Agyra, 2014.

distinta e tinha o poder de penetrar profundamente na mente das pessoas. Isso não se devia, creio, aos comentários que fazia, pois eram todos muito simples: mas à lapidação da sua bondade e do seu riso, cujo aspecto, dificilmente discernível, parecia de mármore estatuário.[16]

São as figuras dessas mulheres, outrora distanciadas do nosso campo de visão, que devemos convocar novamente, buscar nossas irmãs em outros países, escutar suas vozes outra vez, reconstituir suas histórias, o caminho que nos leva até elas, que as leva e continuará a levá-las umas às outras. Reapropriar-se da arquitetura dos corpos e dos corpos arquiteturais.

---

16 V. Woolf, *Instants de vie*. Trad. francesa Colette-Marie Huet. Paris: Stock, 1986.

Cartão-postal escrito em Atenas por Adèle Cassigneul, autora de uma obra notável sobre Virginia Woolf, enviado no dia 2 de agosto de 2018 junto do livro de Eleni Tounta que eu havia lhe pedido.

ALMA MATERIAL

VII – A fabulação crítica

ALMA MATERIAL

VII - A FABULAÇÃO CRÍTICA

Convenhamos: sou uma mulher notável, mas nem todo mundo sabe o meu nome. «Pêssego» e «Açúcar mascavo», «Safira» e «Mãe Natureza», «Aunty», «Granny», «Holy Fool» de Deus, «Miss Ebony a primeira» ou «a mulher negra sobre o pódio»: eu personifico um conjunto de identidades que se confundem, um espaço de encontro entre investimentos e privações no tesouro nacional da riqueza retórica. Meu país precisa de mim, e, se eu não estivesse aqui, eu teria que ser inventada
Hortense J. Spillers, «Mama's Baby, Papa's Maybe: An American Grammar Book»[1]

O corpo feminino ocidental não é um signo unitário. Ao contrário, como uma moeda, tem um anverso e um reverso: de um lado, é branco; do outro, não branco ou, mais comumente, preto. Os dois corpos não podem ser separados, e nenhum corpo pode ser entendido isoladamente na construção metafórica da «mulher» no Ocidente. Branca é a mulher; não branca (e outros estereótipos não brancos relacionados) é o que é melhor que ela não seja
Lorraine O'Grady, «Olympia's Maid: Reclaiming Black Female Subjectivity»[2]

---

1 H. J. Spillers, «Mama's Baby, Papa's Maybe: An American Grammar Book», in *Black, White, and in Color: Essays on American Literature and Culture*. Chicago: University of Chicago Press, 2003. Publicado originalmente em 1987 na revista *Diacritics*.

2 L. O'Grady, «Olympia's Maid: Reclaiming Black Female Subjectivity», in J. Frueh, C. L. Langer e A. Raven (orgs.), *New Feminist Criticism. Art, Identity, Action*. Boulder: Westview, 1994.

As cariátides em mármore branco são moeda corrente na arte ocidental. Elas propiciam o apagamento das mulheres brancas da realidade cultural, econômica e política e respaldam a metaforização de fantasias machistas. Já as formas de representação da mulher negra na pintura, na fotografia, na escultura e na cultura popular fazem parte de outra forma de invisibilização, de um investimento histórico que passa sistematicamente pelas figuras assombrosas da mercadoria, da escravizada e da prostituta, que também são suscetíveis de reapropriação.

Em um texto de 2008, «Venus in Two Acts», Saidiya Hartman interessou-se pela figura da Vênus negra: «Alternando entre os nomes Harriot, Phibba, Sara, Joanna, Rachel, Linda e Sally, ela pode ser encontrada em qualquer lugar do mundo atlântico. O entreposto de escravizados, o porão do navio negreiro, a casa de pragas, o bordel, a jaula, o laboratório do cirurgião, a prisão, o canavial, a cozinha, o quarto do senhor de escravos – todos revelam-se como sendo o mesmo lugar onde cada uma delas se chama Vênus».[3] Essa Vênus Negra nada mais é do que a metáfora das mulheres negras encontradas nos textos dos colonizadores e escravocratas. Privadas de voz, sufocadas no silêncio dos arquivos, dos relatos tanto racistas quanto abolicionistas, elas agora reivindicam as suas histórias. Cabe à geração atual devolver a voz àquelas que ressuscitam da história. «A perda suscita o anseio, e, nestas circunstâncias, não seria exagerado considerar as narrativas uma forma de compensação ou mesmo de reparação, talvez a única que possamos vir a receber.»[4] Em vez de reiterar as humilhações sofridas e relembrar as agressões, os abusos e as injúrias, Hartman se propõe a

---

[3] S. Hartman, «Venus in Two Acts», *Small Axe, A Caribbean Journal of Criticism*, vol. 12, n. 2, 2008.

[4] Ibid.

VII - A FABULAÇÃO CRÍTICA

escrever de uma maneira diferente, desafiando a autoridade dos documentos ao usar o subjuntivo, modo verbal que exprime por excelência a incerteza, as potencialidades e a afetividade. Ela propõe que se experimente a fabulação crítica. Hartman cita Octavia Butler e a personagem Dana de seu romance *Kindred - Laços de sangue* (1979), que viaja no tempo para encontrar sua ancestral escravizada. Dana não consegue salvá-la, mas aceita que a luta dela tornou possível sua própria existência. É preciso aceitar a parte faltante e incompleta da história.

Quem deve se encarregar dessa fabulação crítica? Até onde ela pode ir?

Em 1979, a artista afro-estadunidense Lorraine O'Grady, então professora da School of Visual Arts de Nova York, assiste à performance *Black Ballerina*, da artista conceitual estadunidense feminista e branca Eleanor Antin. Na performance, ela interpreta a personagem Eleonora Antinova, uma bailarina negra da companhia Diaghilev, usando um tutu e uma maquiagem preta no rosto. Antin se vê, então, no centro de uma disputa com a escritora jamaicana Michelle Cliff, que denuncia o ventriloquismo de sua prática. Surpreendida por essa apropriação, O'Grady não consegue parar de pensar nas vivências dessa bailarina dos anos 1920, que a faz se lembrar de sua mãe. Ela pondera: «Tenho mais propriedade para falar dessa bailarina negra do que ela. Chegou a hora de falar por mim mesma como uma mulher negra».[5] Com efeito, no ano seguinte, ela realiza sua primeira performance, que marcará sua entrada no mundo da arte: *Mademoiselle Bourgeoise Noire*. Ela usa um vestido e uma capa branca feita de 180 pares de luvas brancas, um diadema, um lenço com as palavras «MLLE BOURGEOISE NOIRE», longas luvas

---

5 L. O'Grady em entrevista para Laura Cottingham, «Lorraine O'Grady: Artist and Art Critic», *Artist and Influence*, vol. 15, 1995.

brancas nas mãos, e se açoita com um gato de nove caudas branco[6] com crisântemos da mesma cor nas pontas. O'Grady aparece vestida assim em um vernissage da galeria Just Above Midtown – JAM[7] – em Nova York, em 1980. As dezenas de luvas que cobrem seu corpo simbolizam o destino do mundo da arte, amplamente determinado por mãos brancas. Ela também profere frases como «*Black art must take more risks!*» [A arte negra deve correr mais riscos!]. Em todas as fotografias dessa performance, ela está sorrindo largamente.

Em 1979, Howardena Pindell, curadora no MoMA desde 1967, deixou seu cargo para lecionar. Em 1980, entrevistada por Judith Wilson para a *Ms. Magazine*, ela declara: «Eu não tinha o poder de ajudar as demais pessoas negras».[8] No ano seguinte, ela lança o vídeo intitulado *Free, White and 21*, no qual listou várias situações – desde sua infância até a vida adulta – em que sofreu racismo, humilhação, desvalorização, invisibilização e rejeição por mulheres brancas. Os relatos são intercalados com sequências nas quais ela gradualmente cobre seu rosto com tiras brancas, ao passo que, caracterizada como uma mulher branca por meio de um adesivo branco puxado sobre a sua cabeça, uma peruca loira e óculos escuros, ela intervém regularmente desqualificando o relato de suas vivências como mulher negra, julgando-a diversas vezes como paranoica. Essa ocasião é oportuna, inclusive, para salientar que a «*whiteface*», ao contrário da «*blackface*», não é racista, uma vez que o racismo é o resultado da agressão de um grupo que tem mais poder contra um

---

6 Chicote utilizado nas plantações.

7 Fundada pela documentarista e ativista afro-estadunidense Linda Goode Bryant e dedicada à representação de artistas afro-estadunidenses, a Galeria JAM existiu entre 1974 e 1986.

8 J. Wilson, «Howardena Pindell Makes Art That Winks at You», *Ms. Magazine*, vol. 8, n. 6, 1980, pp. 66-70.

VII – A FABULAÇÃO CRÍTICA

grupo vulnerabilizado, e não o inverso. O inverso é a revolta, a revolução. Pindell narra a origem desse vídeo em um texto posterior: «Decidi fazer *Free, White and 21* depois de me confrontar repetidamente com o racismo do mundo da arte e das feministas brancas. [...] A voz branca era a voz dominante. A voz da mulher branca estava para a voz do homem branco como a voz da mulher negra para a voz da mulher branca».[9] Em um texto intitulado «Some Reminiscences and a Chronology», Pindell relata sua infância, sua adolescência e as aulas de pintura que frequentou: «Aprendi a pintura tradicional a óleo, da qual desisti depois de desenvolver uma alergia pelo uso de muita tinta branca com chumbo (só após terminar meus estudos fui alertada sobre os perigos da tinta branca com chumbo. A nocividade na arte é uma preocupação recente)».[10] Sua intoxicação pela tinta branca pôs fim à sua produção pictórica a óleo, e a intoxicação causada pelas feministas brancas e seu discurso no mundo da arte deu origem ao seu primeiro trabalho em vídeo.

---

9   H. Pindell, «Free, White and 21», *Third Text*, vol. 6, 1992. Disponível em: <http://www.youtube.com/watch?v=8MZo5LNDk90>. Acesso em: set. 2022.

10   Id., «Some Reminiscences and a Chronology», in G. Coopersmith (org.), *Howardena Pindell, Paintings and Drawings, A Retrospective Exhibition 1972-1992*. Nova York: State University of New York Press, 1992.

ALMA MATERIAL

Howardena Pindell, *Free, White and 21*, 1980.

VII – A FABULAÇÃO CRÍTICA

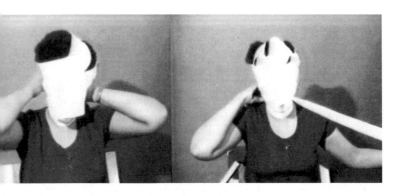

Free, White and 21 foi exibido pela primeira vez em 1980 na Galeria A.I.R. em Nova York, como parte dà exposição *Dialectics of Isolation: An Exhibition of Third World Women Artists of the United States*, organizada por Ana Mendieta, Zarina e Kazuko Miyamoto. Em sua breve, mas poderosa introdução ao catálogo da exposição, Ana Mendieta critica o feminismo estadunidense: «Em meados dos anos 1960, quando as mulheres nos Estados Unidos da América se politizavam e se uniam no movimento feminista com o objetivo de acabar com a dominação e a exploração cultural do homem branco, elas não conseguiam se lembrar de nós. O feminismo estadunidense hoje é, fundamentalmente, um movimento branco de classe média. Como mulheres não brancas, lutamos em dobro».

As trajetórias de Lorraine O'Grady e Howardena Pindell têm em comum o fato de que o início ou a retomada relativamente tardia de suas carreiras artísticas se deu em resposta ao feminismo branco e de que ambas sentiram ao mesmo tempo a urgência de serem ouvidas na qualidade de mulheres negras, de tomar as rédeas da narrativa de suas vidas.

O embranquecimento das narrativas históricas (*whitewashing*) carece igualmente de reapropriações. Em 1980, Lorraine O'Grady desenvolve uma performance intitulada *Nefertiti/Devonia Evangeline*, justapondo fotografias de sua irmã mais velha, falecida pouco tempo antes, a representações de Nefertiti. «Minha irmã mais velha, Devonia, morreu apenas algumas semanas após nossa reconciliação, depois de anos de raiva e silêncio. Passados dois anos de sua morte inesperada, eu visitava o Egito. É um velho hábito meu, circular entre barcos e aviões. Mas essa fuga acabou se revelando inesperada. No Cairo, com meus vinte e poucos anos, eu me vi pela primeira vez cercada de pessoas que se pareciam comigo. Isso é algo trivial para a maioria das pessoas, mas nunca tinha me acontecido antes, nem em Boston, nem no Harlem. Aqui nas ruas do Cairo, a perda da minha única irmã se misturou à imagem de uma família ainda maior. Quando voltei aos Estados Unidos, iniciei uma pesquisa minuciosa acerca do antigo Egito, especialmente do período amarniano de Nefertiti e Aquenáton. Sempre achei Devonia parecida com Nefertiti, mas, ao ler e olhar, descobri semelhanças narrativas e visuais entre nossas duas famílias.»[11] Essa performance logo depois se transformou em uma instalação, *Miscegenated Family Album* (1994), feita de dezesseis dípticos fotográficos combinando retratos de Nefertiti e sua irmã Mutenodjmete; de Nefertiti e Devonia; da filha de Nefertiti, Meritaton, e da filha de Devonia, Candace... Os traços dos rostos se correspondem apesar da distância temporal e geográfica e do branqueamento histórico das representações de Nefertiti. Em resposta, O'Grady justapõe o busto de calcário pintado de Nefertiti (supostamente feito por Tutemés no século XIV a.C., agora em exposição no Neues Museum, em Berlim) a um retrato de sua irmã.

A invisibilização das mulheres negras na história se evidencia em sua falta de representação na história da arte. Em homenagem à sua avó, a fotógrafa e dançarina Blondell Cummings, que nasceu no Harlem e estudou na Martha

---

11   L. O'Grady, «Nefertiti/Devonia Evangeline», *Art Journal*, vol. 56, n. 4, 1997.

VII – A FABULAÇÃO CRÍTICA

Graham School of Contemporary Dance, criou em 1981 o solo *Chicken Soup*, da série *Food for Thought* [Alimento para o pensamento],[12] apresentado pela primeira vez no Dance Theatre Workshop, em Nova York, e posteriormente filmado em 1988. A trilha sonora foi produzida por Brian Eno, Meredith Monk e Colin Walcott. Inclui trechos de textos de Grace Paley e Pat Stein, bem como uma receita de sopa de Lizzie Black Kander, uma assistente social de Milwaukee, conhecida por escrever um manual de instruções para mulheres judias do Leste Europeu que imigraram para os Estados Unidos no início do século xx, *The Settlement Cookbook* (1901), cujo subtítulo é «The Way to a Man's Heart» [O livro de cozinha do assentamento: O caminho para o coração de um homem]. Cummings, sentada em uma cadeira de cozinha, esfrega o chão e dança com uma frigideira. Essa performance busca dar vida à memória dos gestos repetitivos e cotidianos da sua avó que cuidava da família, em uma transmissão que foi então performada por outras dançarinas. Ainda que o caráter político dessa obra não fosse necessariamente primordial aos olhos de Cummings, ela causou, no entanto, uma marca duradoura na história da dança nesse momento de enunciação específico da história da arte, paralelamente aos trabalhos de Howardena Pindell e Lorraine O'Grady acima mencionados: «O preparo da comida levava muito tempo. Passávamos a maior parte do nosso tempo na cozinha. Lá fazíamos nossas refeições. As crianças brincavam e ajudavam. As mães se reuniam na cozinha para falar de suas vidas e de suas famílias. Elas olhavam pela janela e comentavam a vida que acontecia do lado de fora».[13]

---

12   A série é composta dos trabalhos *Chicken Soup*, *Meat and Potatoes*, *Tossed Salad* e *Chocolate*.

13   M. Sulter, citada por J. Dunning, «Soaring for the Most Important Women in Their Lives», *The New York Times*, 8 maio 2007.

ALMA MATERIAL

Lorraine O'Grady, *Miscegenated Family Album (Sisters I)*, (esquerda: Nefernefruaten Nefertiti; direita: Devonia Evangeline O'Grady), 1980-1994. Impressão cibachrome, 66,04 × 93,98 cm.

VII - A FABULAÇÃO CRÍTICA

Ao mesmo tempo, artistas e escritoras negras no Reino Unido fazem constatações semelhantes às de suas colegas estadunidenses. A artista, curadora e escritora escocesa de origem ganesa Maud Sulter explica que foi somente em 1984, por ocasião da primeira Feira Internacional do Livro Feminista, em Londres, que as mulheres negras se reuniram para denunciar a rejeição que sofriam por parte das editoras feministas: «O racismo toma muitas formas nos livros. Livros como *Union Street*, de Pat Barker (Virago, 1982), evidenciam um racismo escancarado; enquanto em *Sex and Love*, editado por Sue Cartledge e Joanna Ryan (The Women's Press, 1983), o racismo se dá pela exclusão. *Come Come*, de Jo Jones (Sheba, 1993), e livros afins exprimem seu racismo por meio de interpretações equivocadas».[14] Audre Lorde, que também esteve presente à convite de suas editoras da Sheba Feminist Press, disse que as mulheres negras haviam sido, de fato, convidadas, mas todas vinham do exterior, de modo que as organizadoras não se preocuparam em estabelecer nenhum vínculo com as comunidades mais próximas: «Dou-me conta de que as mulheres que organizaram a Feira Internacional do Livro Feminista acreditavam genuinamente que, ao convidarem mulheres negras estrangeiras, estavam se livrando de qualquer responsabilidade quanto à sua maneira de incluir as mulheres negras. No entanto, todas nós devemos ser capazes de aprender com nossos erros. Elas objetificaram totalmente as mulheres negras ao optarem por não lidar com mulheres negras vindas de suas próprias comunidades».[15] Diante de perguntas acerca das semelhanças e diferenças entre as mulheres negras britânicas e

---

14 M. Sulter, «Notes of a Native Daughter», in L. Ngcobo (org.), *Let It Be Told: Essays by Black Women in Britain*. Londres: Pluto, 1987.

15 Audre Lorde em entrevista para Pratibha Parmar e Jackie Kay, «Frontiers: An Interview with Audre Lorde», in J. Wylie Hall (org.), *Conversations with Audre Lorde*. Jackson: University Press of Mississippi, 2004.

estadunidenses, Audre Lorde responde que vê muitos pontos em comum, apesar dos contextos econômicos e políticos serem diferentes.

Nesse que foi um momento crucial de reapropriação do discurso, as mulheres negras estadunidenses e britânicas tiveram que lutar simultaneamente contra os estereótipos patriarcais difundidos tanto pelos homens quanto pelas mulheres brancas. Foi preciso lutar para que pudessem representar a si mesmas por conta própria. Embora Maud Sulter tivesse encontrado uma editora para publicar seu livro *As a Black Woman*, as decisões editoriais ainda lhe escapavam: «Como parece ocorrer com todas as mulheres negras que se esforçam para publicar seus trabalhos, eu me confrontei com problemas. Minhas sugestões de capa, fundamentadas em três anos de pesquisa sobre a criatividade das artistas negras e asiáticas na Grã-Bretanha e na minha experiência pessoal no mercado editorial, foram rejeitadas – e o livro foi publicado com ilustrações feitas por um homem baseadas em imagens estereotipadas do que seria a 'negritude das mulheres'. Tentei me reconfortar pensando que Alice Walker, mesmo após vinte anos publicando seus livros, ainda tinha que lidar com esse tipo de problema no momento de escolha da capa».[16]

Há uma forte correspondência entre o trabalho de Maud Sulter e o de sua colega estadunidense Lorraine O'Grady, posto que ambas se dedicaram a questionar incessantemente, por meio de suas obras de arte e escritos, a ausência de mulheres negras na história da arte. Assim conta a artista e curadora Lubaina Himid, companheira de Maud Sulter na época: «Há, inclusive, na Oldham Art Gallery, uma pintura de Cleópatra retratada como uma mulher branca. Maud sempre comentava o fato de que

---

16 Sulter, «Notes of a Native Daughter», op. cit.

VII – A FABULAÇÃO CRÍTICA

Cleópatra foi uma mulher negra. Ela produziu uma peça sonora para acompanhar esse quadro, *Sphinx*, que repetia, entre outras, a frase: 'Será que as mulheres podem emitir seus desejos?'. Mais uma vez, dado que ela mesma pronunciava essas palavras, ouvia-se a voz de uma mulher escocesa. Parece-me, no entanto, que a maioria das referências evocadas estava relacionada ao fato de se tratar de uma mulher, uma mulher negra, e à representação de uma Cleópatra que, para Maud, era claramente negra, mas que era e ainda é representada como branca: seja por Elizabeth Taylor ou por alguma outra beldade inglesa vitoriana estereotipada».[17] Reconectar-se com uma história da qual não só fomos apagadas, mas com a qual somos impedidas de estabelecer qualquer relação, é uma dificuldade dobrada que essas práticas artísticas contestatórias expõem. Em seu poema «Historical Objects», Maud Sulter o afirma ainda mais explicitamente:

> Os corpos egípcios mumificados roubados
> apodrecem mal no submundo
> da cultura europeia.
> É nesse cenário que querem nos meter,
> nós, as mulheres negras da Europa.[18]

---

[17] Lubaina Himid em entrevista para Mother Tongue (Tiffany Boyle e Jessica Carden), «On the Life and Work of Late Artist Maud Sulter (1960–2008)», in Mother Tongue (org.), *A Thousand of Him, Scattered. Relative Newcomers in Diaspora*. Londres: University of the Arts, 2014, catálogo da exposição homônima organizada pelas curadoras da Mother Tongue.

[18] M. Sulter, «Historical Objects», in *Zabat: Poetics of a Family Tree*. Hebden Bridge: Urban Fox, 1989. Essa recolha de poemas faz parte da obra *Zabat* (1989), que combina textos e fotografias.

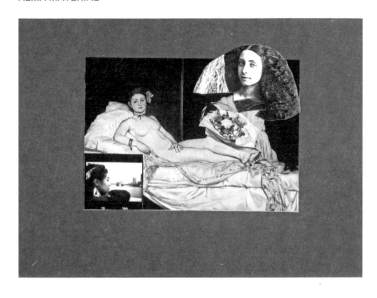

Maud Sulter, *Jeanne: A Melodrama, I.*, 1994-2002.
Impressão fotográfica colorida, 48 × 64,7 cm.

VII – A FABULAÇÃO CRÍTICA

Em 2003, Sulter publicou *Jeanne Duval: A Melodrama*, um livro dedicado à musa de Charles Baudelaire. «O fascínio visual que Jeanne Duval me desperta vem desde 1988 como uma resposta visceral à fotografia de Nadar intitulada *Femme inconnue*. Ela me olhava fixamente e me pedia que lhe desse um nome, uma identidade, uma voz. Assim, durante mais de uma década, fiz imagens com ela em mente, desde Calliope em *Zabat*, em 1989, até *Les Bijoux*, em 2002.»[19] Privada da fala, essa Vênus negra é uma figura por excelência passível de reapropriação mediante a fabulação crítica.[20] Os nove retratos que compõem a série *Les Bijoux* apresentam Maud Sulter vestindo diferentes roupas e acessórios, enquadrada de frente ou de perfil, contra um fundo preto, personificando Jeanne Duval, figura com a qual se identifica. Muito bela, Maud Sulter também poderia ter se tornado musa ou modelo de outra pessoa, mas, em vez disso, aproveitou-se desse atributo para perverter a objetivação da beleza da mulher negra por meio de um jogo de ecos[21] e de encenação.

Lorraine O'Grady também abordou a figura de Jeanne Duval na instalação fotográfica *Studies #3 and #4 for Flowers of Evil and Good* [Estudos #3 e #4 para Flores do mal e do bem]: «Não resta nada das palavras de Duval: ela nunca fala por si mesma, nem na poesia, nem na prosa de Baudelaire, e é provável que a mãe de Charles tenha destruído as cartas que ela enviou para ele. Além

---

19 Id., *Jeanne Duval: A Melodrama*. Edimburgo: National Galleries of Scotland, 2003.

20 Ver o conto «Black Venus» (1985), que a romancista e ensaísta britânica Angela Carter dedicou a Jeanne Duval, e que também opera uma reescrita pós-colonial e desmistificadora.

21 *Echo: Works by Women Artists* (1850-1940) é uma proposta curatorial concebida em 1991 por Maud Sulter para o Tate Liverpool, que a convidou para criar uma exposição a partir da coleção do museu. Ela optou por manter apenas as obras feitas por mulheres, ainda que questionando a ausência de representatividade de artistas negras.

disso, não há registros civis que permitam reconstituir sua vida, embora grande parte das evidências indique que ela emigrou do Haiti para Paris na década de 1830. Eles se encontraram em 1842, quando Baudelaire tinha 21 anos e, aparentemente, ela também».[22] O'Grady não se baseia na mesma iconografia que Maud Sulter, pois esta última privilegiou a reapropriação da fotografia de Nadar da «mulher desconhecida», como na colagem fotográfica em que ela cola a cabeça de Duval da foto de Nadar sobre o corpo da criada negra da *Olympia* de Manet, que, por sua vez, havia inspirado um texto de O'Grady[23] – citado no início deste capítulo. Ao contrário da modelo que posa como *Olympia*, cujo nome conhecemos, Victorine Meurent, somente o primeiro nome da modelo que posa como criada, Laure, chegou até nós. Outra Vênus negra da história da arte ocidental.

Citada como exemplo de reapropriação histórica por O'Grady em seu texto sobre a criada de *Olympia*, a artista afro-estadunidense Lorna Simpson traz em suas obras figuras de mulheres negras de pé, eretas, sem rosto,[24] mantidas na sombra, enquadradas de costas ou do pescoço para baixo (*Five Day Forecast*, 1988; *Guarded Conditions*, 1989; *She*, 1992). Essa ausência de identidade é contrabalançada pelos textos críticos que acompanham as imagens, inspirados nas obras de Carrie Mae Weems. Essa ausência de rosto baseia-se, também, em sua experiência pessoal da perda, particularmente a de sua mãe: «Outra razão muito mais pessoal é que nessa mesma época minha mãe faleceu, muitos amigos e amigas

---

22 L. O'Grady, «Studies for a 16-diptych installation to be called Flowers of Evil and Good», texto para a exposição na galeria Thomas Erben, Nova York, 1998.

23 Id., «Olympia's Maid: Reclaiming Black Female Subjectivity», op. cit.

24 Ver J. E. Muñoz, *Disidentifications. Queers of Color and the Performance of Politics*. Minneapolis: University of Minnesota Press, 1999.

VII – A FABULAÇÃO CRÍTICA

morreram de aids, e parecia haver nisso tudo uma sensação de perda esmagadora. Mesmo num nível emocional, parecia apropriado que os rostos estivessem ausentes».[25] Em *Art on My Mind*, bell hooks analisa o trabalho da artista: «As imagens de Lorna Simpson que representam corpos de mulheres negras são provocadoras e progressistas justamente porque chamam a atenção para aspectos da identidade das mulheres negras que, no geral, são apagados ou negligenciados dentro de uma cultura sexista e racista. Seu trabalho contraria o estereótipo. Na versão aceita da realidade das mulheres negras difundida nas imagens dominantes, não há espaço para as sutilezas de nossa experiência. Somos sempre retratadas como desprovidas de complexidade, como transparentes. Ficamos todas na superfície, desprovidas de profundidade».[26]

Waterbearer (1986), de Lorna Simpson, conta com o seguinte texto, escrito em caixa alta:

SHE SAW HIM DISAPPEAR BY THE RIVER, THEY ASKED HER TO TELL WHAT HAPPENED, ONLY TO DISCOUNT HER MEMORY

[Ela o viu desaparecer perto do rio, eles lhe pediram para contar o que aconteceu apenas para que pudessem desdenhar da sua memória].

Na fotografia, vê-se uma mulher de costas, com uma jarra em inox na mão esquerda e um galão de plástico na mão direita. Interpretação da justiça, memória pictórica de outras aguadeiras, ou, como comenta a curadora da

---

[25] «Representing the Black Body: Lorna Simpson in Conversation with Thelma Golden», *Artspace*, 2017.

[26] b. hooks, «Facing Difference: The Black Female Body», in *Art on my mind: visual politics*. Nova York: The New Press, 1995.

exposição Joan Simon no catálogo, outra interpretação possível seria a abordagem do «ritual senegambiano que Phillis Wheatley [...] aponta como a única lembrança que lhe resta de sua terra natal: a de sua 'mãe derramando água antes do nascer do sol'». A memória da mãe de Phyllis Wheatley aqui se funde com a memória da mãe de Lorna Simpson.

Embora o conceito de fabulação crítica elaborado por Saidiya Hartman se preocupe sobretudo com as vozes silenciadas de mulheres reais, as Vênus negras da história, ele também pode se estender a entidades fictícias que poderiam perfeitamente ter existido.

Filmado na Filadélfia, o filme *The Watermelon Woman* (1996), de Cheryl Dunye, diretora de cinema e ativista afro-estadunidense lésbica nascida na Libéria, apresenta, como um falso documentário, as pesquisas que ela realizou a respeito da figura fictícia de Fae Richards, atriz negra dos anos 1930, lésbica e ativista dos direitos civis, que aparece nos filmes B de Hollywood. O filme começa (após quatro minutos) com as seguintes palavras da diretora para a câmera: «Oi, meu nome é Cheryl e sou diretora. Oh, não, eu não sou realmente uma diretora de cinema, mas abri um negócio de vídeos com minha amiga Tamara e trabalho em uma locadora. Portanto, estou trabalhando para me tornar uma diretora. O problema é que não sei qual deve ser o assunto deste filme. Eu sei que ele tem que abordar mulheres negras, porque nossas histórias nunca foram contadas. Ao alugar filmes – não, eu não alugo, eu consigo os filmes na locadora onde trabalho –, busquei selecionar todos esses dos anos 1930 e 1940 com atrizes negras, como, ahn, Hattie McDaniel e Louise Beavers, e, bem, nesses filmes, em alguns desses filmes, as atrizes negras nem sequer são mencionadas nos créditos, o que realmente me chocou».

VII - A FABULAÇÃO CRÍTICA

Para dar vida a Fae Richards, Cheryl Dunye investiga primeiro como adquirir os arquivos que poderia usar em seu filme. O custo é muito alto,[27] e ela pede a uma amiga, a fotógrafa Zoe Leonard, que crie um arquivo fotográfico fictício. A obra intitula-se *The Fae Richards Photo Archive*[28] e inclui um conjunto de 82 fotografias em preto e branco, entre elas: retratos, fotos de família, de amigas e amigos, fotografias de arte, publicidade e sets de filmagem. Inclui, também, fotografias de Fae na adolescência, quando ela trabalhava para uma família branca e foi notada por uma diretora de cinema que viria a se tornar sua companheira e a fez protagonista de seu primeiro filme, *Plantation Memories*, seguido por *Jersey Girls*. Fae, na sequência, passa a fazer somente filmes que sejam inteiramente produzidos e realizados por pessoas negras, «all black cast» [elenco inteiramente negro], torna-se cantora e conhece a mulher com a qual viverá até o fim de sua vida, June Walker.

A atriz Lisa Marie Bronson interpreta Fae na tela e figura, portanto, nessas fotografias. A companheira de Cheryl Dunye, Alexandra Juhasz, que também é a produtora do filme, faz o papel da diretora branca, Martha Page, que descobre Fae. A mãe de Cheryl Dunye, Irene, também atua no filme, assim como sua amiga, a escritora e militante lésbica Cheryl Clarke[29] (que interpreta June Walker); a atriz e roteirista Guinevere Turner (que interpreta a

---

27 «Cheryl Dunye's Alternative Histories», em entrevista para Colleen Kelsey, *Interview Magazine*, 11 nov. 2016. Disponível em: <https://www.interviewmagazine.com/film/cheryl-dunye>. Acesso em: set. 2022.

28 Exposta pela primeira vez na Whitney Biennial, em 1997.

29 Em seu texto «The Failure to Transform: Homophobia in the Black Community», in B. Smith (org.), *Home Girls, A Black Feminist Anthology*. Latham: Kitchen Table-Women of Color Press, 1983, Clarke critica bell hooks (*Ain't I a Woman*) e Michele Wallace (*Black Macho and The Myth of the Superwoman*) por não terem se referido nem aos gays nem às lésbicas negras em seus respectivos trabalhos.

namorada branca de Cheryl); a teórica muito controversa e problemática Camille Paglia;[30] e também a escritora e ativista lésbica Sarah Schulman, no papel humorístico da arquivista do C.L.I.T. (Center for Lesbian Information and Technology), onde Cheryl descobre as fotografias de arquivo fictícias feitas por Zoe Leonard para o filme.

O arquivo reaparece no fim do filme, marcado pelos créditos e pelos agradecimentos da diretora. «Sometimes you have to create your own history» [Às vezes você precisa criar sua própria história], lemos. Assim como diz Zoe Leonard: «Fae é ficcional, mas aprendi a gostar do fato de que ela poderia ter existido. Sua existência é historicamente possível. Há centenas, se não milhares de mulheres que, de uma forma ou de outra, se parecem com ela: mulheres negras poderosas e talentosas que escorregaram pelas fendas da história, lésbicas que não foram consideradas suficientemente importantes para serem lembradas ou documentadas».[31]

A colaboração entre Cheryl Dunye e Zoe Leonard parece ser particularmente igualitária. Leonard trabalhou para Dunye, mas manteve seu título de artista. O contexto de produção era especialmente delicado, como ela diz: «Para fazer o projeto funcionar, tivemos que produzir imagens fortemente racistas. Imagens bastante assustadoras. Foi difícil para Lisa Marie. Algumas das fotos foram bem difíceis de tirar, tanto para Lisa Marie, que atuou como Fae, quanto para mim mesma. Lisa é uma mulher negra e eu sou uma mulher branca. Por algum motivo,

---

30   Sua aparição no filme de Dunye também levanta questões. Ela compara o apelido dado a Fae Richards, «The Watermelon Woman», «a mulher melancia», às lembranças da sua infância na Itália em que sua avó cortava melancias, obliterando todo o racismo e as diversas conotações dessa metáfora, da qual falamos nos capítulos anteriores.

31   Zoe Leonard em entrevista a Anna Blume, em K. Rhomberg (org.), *Zoe Leonard*. Viena: Secession, 1997.

VII – A FABULAÇÃO CRÍTICA

desde o primeiro dia, Lisa confiou tanto em mim quanto no projeto. Nosso desafio era: como fazer um projeto que aborda o racismo sem ser racista?».[32] A questão do amor inter racial e das relações entre pessoas negras e brancas percorre *The Watermelon Woman* operando uma espécie de reparação; uma diretora negra dirige, ou melhor, trabalha em colaboração com mulheres negras e brancas, uma resposta à denúncia do tratamento reservado às atrizes negras dos anos 1930 e 1940 até os dias de hoje, sobretudo às negras lésbicas.

Cheryl Dunye propõe, assim, em vez de preservar os arquivos, inventá-los e colocá-los em funcionamento, sejam eles reais ou fictícios. Desmontar e remontar a casa-grande com suas próprias ferramentas conceituais e narrativas.

---

[32] Ibid.

ALMA MATERIAL

VIII -
O Eu no Tu

ALMA MATERIAL

VIII – O EU NO TU

O trabalho doméstico feminista não se limita à limpeza e à manutenção da casa. O trabalho doméstico feminista visa transformar a casa, reconstruir a casa do senhor
Sarah Ahmed, *Living a Feminist Life*[1]

Se sua casa não está em ordem, você não está em ordem. É tão mais fácil estar lá fora do que aqui dentro. A revolução não acontece lá fora. Ainda não. Ela acontece aqui
Toni Cade Bambara, «On the Issue of Roles»[2]

---

1 S. Ahmed, *Living a Feminist Life*. Durham: Duke University Press, 2017.
2 T. C. Bambara, «On the Issue of Roles», in T. C. Bambara (org.), *The Black Woman: An Anthology*. Nova York: Washington Square, 1970.

bell hooks dizia: «Ao projetar a casa dos meus sonhos para o curso de artes plásticas no ensino médio, não podia imaginar que as decisões que eu tomava eram políticas».[3] No entanto, é possível reivindicar um quarto só seu, questionar os fundamentos do patriarcado, metafórica e arquitetonicamente sustentados pelas construções culturais da mulher e outras cariátides. A relação entre as mulheres e o espaço, o volume e a arquitetura, é o lugar por excelência das reapropriações estratégicas por parte dos artistas.

Em *Nights*, romance escrito em 1935, a escritora H. D. (Hilda Doolittle) situa de maneira poética o corpo da mulher no espaço arquitetônico: «Ela se encarnaria, assim, nos longos paralelogramos e nos quadrados, cubos e retângulos. Ela desejava essas coisas».[4] Essa citação poderia perfeitamente ilustrar uma obra de Helen Chadwick intitulada *Geometria Ergo Sum* (1982-84), exposta pela primeira vez na Serpentine Gallery em junho de 1983, quando Chadwick tinha trinta anos. O trabalho foi inicialmente chamado de *Growing Pains* [Dores do crescimento], em referência ao título do terceiro capítulo da quarta parte do livro *O homem e o universo, como a concepção do universo se modificou através dos tempos: os sonâmbulos*, do romancista e jornalista britânico Arthur Koestler, publicado em 1959. Os sonâmbulos são, entre outros, Pitágoras, Kepler, Galileu e Copérnico. Esse projeto escultural astronômico-geométrico-autobiográfico é concebido por Chadwick como um «álbum foto-espacial», uma «história pessoal contida em dez caixas ou a carne convertida em verdade geométrica», um «museu pessoal»[5] que abrange, por meio

---

3 hooks, «Black Vernacular: Architecture as Cultural Practice», *Art On My Mind: Visual Politics*. Nova York: The New Press, 1995.

4 H. D., *Nights*. Nova York: New Directions, 1986 [1935].

5 Helen Chadwick, conversa com Marina Warner e Gina Newson em «Imaginary Women», Channel 4, 1986.

da fotografia e da geometria, diferentes fases da sua vida, desde o seu nascimento até os trinta anos. Em seus arquivos, doados pelos herdeiros de Helen Chadwick ao Henry Moore Institute, em Leeds, na Inglaterra, encontram-se uma maquete da instalação e uma fotografia em preto e branco, *The Juggler's Table* [A mesa do Ilusionista], uma referência à carta do tarô. As mãos da artista aparecem em primeiro plano repousando sobre o tampo circular de uma mesa coberta com um pano preto. «Posicionado para entreter um público invisível, o Ilusionista está diante de uma mesa posta com toda a parafernália do tempo.»[6] Diante de Chadwick, veem-se nove maquetes (a instalação final totalizava dez esculturas), algumas das quais posicionadas sobre fotografias associadas a elas: o Hospital St. Helier, onde a artista nasceu, em 1953, a igreja onde foi batizada, a sua casa da infância, as escolas onde estudou, a casa de seus avós, a casa de infância da sua mãe em Atenas (em uma rua chamada «Odos Nymphon», a rua das Ninfas), a casa de Beck Road, na qual estabeleceu seu lar e ateliê em 1976, e que ocuparia até sua morte, em 1996.

Receptáculos emocionais traumáticos, amorosos e amistosos, formas geométricas em homenagem a Kepler e Pitágoras: paralelepípedo, triângulo, pirâmide, cubo etc., esquematizam e representam respectivamente uma incubadora, uma cama, um piano, um barco, um carrinho de bebê... Cada momento de sua vida é representado por um móvel em forma geométrica, cujos lados visíveis são feitos de compensado e preparados com uma solução fotossensível chamada «Silver Magic», e estampados com fotografias em sépia encontradas nos arquivos de sua família ou tiradas pela artista. Os nove

---

[6] Notas extraídas dos cadernos de Helen Chadwick. Cf. S. Walker, *Helen Chadwick: Constructing Identities Between Art and Architecture*. Londres: I. B. Tauris, 2013.

objetos são: Incubadora – nascimento; Pia batismal – 3 meses; Carrinho de bebê – 10 meses; Barco – 2 anos; Oca – 5 anos; Cama – 6 anos e três quartos; Piano – 9 anos; Cavalo com alças – 11 anos; Liceu – 13 anos, e Estátua – 15 a 30 anos.

Na maquete, a cama está coberta com uma colcha que se estende pelas laterais, e o travesseiro inclinado contém duas mãos que parecem ter saído de baixo da coberta, uma palma para cima e a outra para baixo, o dorso da mão visível, pressionando e formando dobras na superfície plana do travesseiro; na obra que produziu na sequência, vê-se o corpo da artista – ela deitada, as pernas dobradas. A oca é uma tenda em forma de pirâmide na qual vemos, em plano fechado, um instrumento musical infantil – um triângulo que coincide com uma de suas faces; na segunda face, reproduz-se a abertura da tenda, de onde saem as duas mãos da artista, cruzadas e com os dedos esticados e abertos como um leque. A terceira face mostra a artista curvada para alcançar com os dedos a ponta dos pés, que coincidem com a ponta do triângulo. A quarta e última face reproduz a estrutura metálica de um poste de eletricidade que aparece na fotografia de sua casa de infância em Croyton.

Um dos lados do barco exibe um sapato infantil ampliado, com alça e fivela; o outro reproduz ondas, espuma; na parte de cima vê-se o barco de sua infância, sobre o qual estende-se o corpo nu de Chadwick, pernas dobradas em posição de lótus – os braços, esticados para a frente, unem-se como se antecedessem um mergulho. O cavalo com alças exibe um templo ateniense num dos lados; no outro, as tábuas de madeira que compõem o aparelho de ginástica, e então o seu corpo com as pernas abertas, busto flexionado, cabeça entre as pernas, mãos apoiadas no chão, duas mãos abertas na parte de cima do objeto. Sobre o piano, duas mãos sem corpo fazem

VIII - O EU NOTU

acordes no teclado, é possível ver os pedais; em um dos lados, a artista ajoelhada agarra-se ao piano e parece querer alcançar o teclado com as mãos. Sobre a incubadora, adquirida para a ocasião, veem-se de novo as mãos. Nas maquetes, ela está vazia. Na versão final do trabalho, Chadwick se coloca ali dentro em posição fetal, pernas dobradas, braços cruzados. A estátua recebe, em um de seus lados, todo o corpo nu da artista, em tamanho real; ela usa uma cruz em volta do pescoço. Do outro lado, vê-se a figura de um troll puxado pelos cabelos, nos quais se enrolam seus dedos. Uma porta é reproduzida, com o número 47 inscrito sobre um triângulo que se parece com o sexo da artista, uma aldraba, uma abertura para as correspondências, as chaves deixadas na fechadura. A pia batismal, aquela em que a artista foi batizada, é reproduzida na parte superior do objeto de madeira compensada: na maquete, ela segura entre as mãos um recipiente com o unguento; na versão final do trabalho, a artista posa como uma banhista, nua, dando a ver suas costas e suas nádegas.

O carrinho de bebê está vazio, e Chadwick aparece encolhida em um dos lados. O liceu, no formato de um cubo, tem sobre uma de suas faces o busto da artista vestindo um sutiã branco e um pequeno pingente em forma de cruz. Uma outra face mostra a artista nua em uma postura clássica de atleta. A terceira face representa um mural de folhas grudadas sobre um muro. A face superior é estampada com um sinete gravado em madeira.[7]

Alguns gestos e posições diferem entre a maquete e a obra realizada na sequência: em cada mudança, a decisão

---

[7] Descrição feita em ordem aleatória a partir de todos os documentos visuais disponíveis encontrados – algumas partes que não foram fotografadas ou que mal aparecem não são comentadas aqui.

final tendeu a privilegiar o corpo da artista mais visível, inscrito na geometria das formas que ele habita.

Uma série de dez fotografias feitas por Mark Pilkington intitulada *The Labours* [Os trabalhos] acompanha *Geometria Ergo Sum*. Nela, vemos Chadwick, nua diante de uma cortina, segurando cada um dos seus dez objetos geométricos. A incubadora, a pia de batismo e o carrinho de bebê são segurados perto do chão, abraçados com doçura – os outros objetos são segurados com mais firmeza e são progressivamente suspensos, até a estátua ligeiramente erguida com bastante esforço.

> Era necessário que eu produzisse *Ego Geometria Sum* a fim de definir o passado para que pudesse, assim, usá-lo como trampolim para ir mais longe. *Ego Geometria Sum* adota, portanto, uma posição filosófica clássica, no sentido de que o eu é reduzido a dez formas supostamente imutáveis que seguem um padrão de crescimento... Na época, eu estava tentando sugerir que no espaço, para além das formas, nos espaços que as formas não ocupam, existe uma certa ideia da memória, tal como ela foi definida pela filosofia clássica: a música das esferas e a crença de que se pode alcançar o divino por meio dos números. Embora eu estivesse tentando capturar algo bastante imaterial (a memória), os meios que empreguei foram principalmente racionais.[8]

Essa geometria inclusiva desafia a ideia de uma arquitetura essencialmente masculina. Como disse a historiadora feminista da arquitetura Beatriz Colomina, em 1992:

---

8 Helen Chadwick em entrevista para Emma Cocker, em *Helen Chadwick*. Kingston: Ferens Art Gallery, 1992.

VIII – O EU NO TU

«A política do espaço sempre é sexual, ainda que o espaço exerça um papel central no apagamento da sexualidade».[9]

Capturar a memória por meios racionais também parece ser o projeto desenvolvido pela artista inglesa Lucy Skaer, cujo trabalho dialoga com o de Helen Chadwick. Suas *Eccentric Boxes* (2016), em particular, são obras produzidas na casa da sua família. A artista embutiu no chão da sala e do quarto vários objetos e pedaços de móveis, em seguida ela os desmontou para construir um baú e uma espécie de grande gaveta. Essas obras têm uma vocação memorial. Na escuridão de seus invólucros, estilhaços da presença humana iluminam e patinam as superfícies, permitindo que se pressagie uma vida interior. Fechadura, arranhões, desbotamentos, porcelana, cobre, gravuras, mudança repentina da cor de uma madeira à outra: marrom, branco, bege, vermelho. Lucy Skaer recolheu, assim, vários elementos carregados de histórias íntimas antes de recompô-los. A madeira preserva o rastro de suas intervenções, cujas incisões são realçadas pela inserção de pedras azuis e cerâmicas.

Lucy Skaer já havia abordado a casa da sua infância em um trabalho anterior, *My Steps as my Terrace* (2013), composto de três degraus de arenito retirados da entrada da casa:

> Em [...] *My Steps as My Terrace*, usei os degraus para representar a sacada de seis casas. Era uma espécie de diagrama, e cada uma das casas era marcada por um objeto esculpido e cravado na pedra. Por exemplo, a minha casa foi representada por um espelho romano em bronze. Escolhi materiais que eu associava às pessoas que moravam em cada casa. Tratava-se de um processo deliberadamente subjetivo. Mais

---

[9] B. Colomina, *Sexuality and Space*. Princeton: University Press, 1992.

recentemente, passei a explorar gestos e materiais mais decorativos. Como o tema da casa é tão carregado psicológica e simbolicamente para mim, não é fácil desenvolvê-lo! A decoração não é lida dessa forma, o que permite que ela proporcione, assim, uma espécie de liberdade.[10]

No primeiro degrau, vê-se um espelho romano em bronze; no segundo, as folhas douradas do carvalho representam a casa ao lado, onde vivia o seu avô, um arqueólogo; o terceiro degrau parece repousar sobre uma xícara de chá com seu pires, ambos saídos de um jogo de café da manhã produzido por Lucy Rie & Hans Coper. A vizinha de Skaer, no número 6, colecionava essas cerâmicas.

Por um lado, desmantelar a casa branca; por outro, criar um quarto só seu na casa do senhor de engenho ou nas suas terras. A professora canadense de estudos de gênero Katherine McKittrick explica que a economia racial e colonial americana organizou o espaço e a temporalidade dos corpos negros, punindo-os e restringindo-os geográfica, arquitetônica, intelectualmente, deixando-os sem história, sem país, sem lar.[11] Em 2018, a artista estadunidense de origem jamaicana Simone Leigh ganha, aos cinquenta anos, o Hugo Boss Prize – e, por ocasião do prêmio, abre a exposição *Loophole of Retreat* [Brechas no isolamento] no Museu Guggenheim de Nova York, em 2019. O título da exposição é uma homenagem a Harriet Jacobs, autora de *Incidentes da vida de uma escrava*, uma ex-escravizada e abolicionista que publicou sua história de vida em 1861. Jacobs fugiu

---

10 Lucy Skaer, entrevista para a exposição *Una Casa más pequeña*. Cidade do México: Museo Rufino Tamayo, 2017.

11 K. McKittrick, «On Plantations, Prison, and a Black Sense of Place», *Social & Cultural Geography*, vol. 12, n. 8, 2011.

e foi acolhida por sua avó liberta, que a escondeu no sótão da casa onde morava, na plantação do seu senhor, separada dos seus filhos, com os quais ela não podia se comunicar. Com a ajuda de uma verruma, ela fez, aos poucos, furos no telhado para que pudesse ver o lado de fora. Viverá ali por mais ou menos sete anos. As dificuldades físicas que enfrenta, a privação de ar e movimento são, no entanto, preferíveis quando comparadas à falsa liberdade das pessoas escravizadas na plantação. As intersecções pelas quais ela se desloca são as da combinação da sua negritude com a sua feminilidade. É aí que desenvolve seu olhar e sua escuta, antecipando a fuga e a emancipação. Para sua exposição, a artista Simone Leigh criou esculturas cujas formas se inspiram nos corpos de mulheres negras e nas estruturas de moradias tradicionais, todas em escala humana. Uma «crioulização formal», tal como ela afirma: «Se se considerar que a situação das mulheres negras consiste *de fato* em uma forma de encarceramento, o ponto de vista de *Loophole of Retreat* é um dos melhores exemplos de uma qualidade da negritude. Uma qualidade que pode ser chamada de 'abrir caminhos onde não há caminho'».[12]

As esculturas quadriculam o espaço. *Jug*, uma enorme figura negra em bronze com o busto nu, corte de cabelo afro, que se alarga na cintura formando uma espécie de jarro negro, braços cortados, uma única alça do lado direito, cabeça inclinada, rosto sem olhar. *Panoptica*, uma cabana de ráfia que remete a uma enorme saia, e que tem em seu topo um cano de terracota como o signo de uma observação que vem de dentro. *Sentinel*, um túnel preto habitável, encimado de um lado por uma grande cabeça negra

---

12   S. Leigh, citada por E. Karp-Evans, «Simone Leigh Takes on the Guggenheim», *Cultured*, 17 abr. 2019. Disponível em: <www.culturedmag.com/simone-leigh/>. Acesso em: set. 2022.

que se ergue ligeiramente de um feixe de palha cobrindo uma das extremidades, espécie de esfinge sobre um pedestal. Uma divisória de concreto separa o espaço ao mesmo tempo que permite a ação do olhar. A exposição presta assim homenagem às mulheres negras cuja maternidade foi impedida, que foram encarceradas ou que criaram espaços de liberdade dentro da própria geografia da opressão. Acompanha as obras uma peça sonora criada pela musicista e poeta Moor Mother em homenagem a Debbie Africa,[13] uma ativista ecológica do grupo não violento e revolucionário Move 9, acusada de matar um policial durante uma batida em sua comunidade e encarcerada quando estava grávida de oito meses, dando à luz seu filho na prisão, coberta pelos sons dos outros prisioneiros. Seu filho lhe será tomado apenas alguns dias depois de nascer. Debbie segue sendo uma das prisioneiras políticas com maior tempo de encarceramento nos Estados Unidos: 39 anos de prisão, solta em 2018.

Um flyer desenhado pela artista Nontsikelelo Mutiti e distribuído durante uma série de palestras organizadas ao longo da exposição conta com dois textos de Saidiya Hartman – coconspiradora, colaboradora e amiga de Simone Leigh, como ela mesma diz.[14] Na parte de dentro, o texto «Notes for the Riot, an Outline Drafted in the Midst of Open Rebellion, a Runaway Plot», um poema teórico dedicado a Harriet Jacobs; na parte de fora, como uma pele, «The Anarchy of Colored Girls Assembled in a Riotous Manner»,[15] uma narrativa baseada na história de Esther Brown, prisioneira negra lésbica encarcerada

---

13   Todos os membros do grupo adotaram o sobrenome Africa.

14   S. Hartman, «Liner Notes for the Riot», *e-flux Journal*, n. 105, 2019.

15   Excerto de Hartman, *Wayward Lives, Beautiful Experiments: Intimate Histories of Social Upheaval*. Nova York: W. W. Norton & Co., 2019. [Ed. bras.: «A anarquia das garotas de cor reunidas na desordem», in *Vidas rebeldes, belos experimentos: histórias íntimas de meninas negras desordeiras, mulheres encrenqueiras e queers radicais*. Trad. Floresta. São Paulo: Fósforo, 2022.]

na prisão feminina de Bedford Hills, reconstruída a partir dos registros da prisão e de suas correspondências seguindo os princípios da fabulação crítica.

ALMA MATERIAL

Hold/Circle/	*Segurar/O cerco/*
Clearing/	*A limpeza/*
Crawlspace/Cell	*O porão/A cela*
Murmuration/Flock/	*Murmúrios/O rebanho/*
Huddle/Embrace/	*Reunir/Abraçar/*
Swarm/Trophallaxis	*O bando/A trofalaxia*
Knowledge Acquired by	*O conhecimento adquirido*
Stealth, A Bid for Freedom,	*em segredo, O leilão da liberdade,*
A Runaway Tongue	*Uma língua fugitiva*
Freedom of A Bird Flying	*A liberdade de um pássaro*
High and Her	*que voa*
Own Captivity are	*lá em cima*
Contrasted.	*o contraste com o seu*
	aprisionamento.
The usual brutality she	*A brutalidade cotidiana*
suffers at her hands.	*que sofre em suas mãos.*
A cell isn't a forest or a	*Uma cela não é uma floresta*
swamp, but you can hide	*nem um pântano, mas você pode*
there.	*se esconder ali.*
They resolved to find a way	*Elas decidiram dar um jeito*
to save the child they all	*de salvar a criança que*
mothered.	*maternaram.*

VIII – O EU NO TU

They were pregnant with freedom.	*Elas estavam grávidas de liberdade.*
They linked arms to create a circle.	*Elas se deram os braços para formar um círculo.*
We were all in open rebellion that morning. [...]	*Estávamos explicitamente nos rebelando naquela manhã. [...]*

The fugitive text of the maternal.	*O texto fugitivo da maternidade.*

The Contraband's Speech. [...]	*O discurso do contrabando. [...]*

The lived Experience of Natal Alienation	*A experiência vivida da alienação natal*
Ruptured Kin	*A família rompida*
Master Father/Mother	*Senhor Pai/Mãe*
Dispossessed/	*Despossuída/*
Mother Loss/Mother Gone	*Mãe perdida/Mãe Desaparecida*
Mother as stranger	*A mãe como estrangeira*
Mother, make your mark on me.[16]	*Mãe, deixa a tua marca em mim.*

---

16 «Loophole of Retreat: A Conference». Disponível em: <https://www.youtube.com/watch?v=ZKlLbpg0m4E>. Acesso em: set. 2022.

A negritude e a feminilidade são simultaneamente foco de opressão e fonte de emancipação: as relações entre corpo, arquitetura e geografia parecem aqui indissociáveis, e de fato o são – tal como Simone Leigh o exprime: a jaula e a rota de fuga. Foi ao falar em primeira pessoa que Harriet Jacobs pôde intervir na narrativa dominante e produzir o seu próprio relato da escravidão, libertando-se ao mesmo tempo que fazia o seu testemunho. Há inúmeras maneiras de tomar a palavra e de se reapropriar de uma língua colonizada, de uma língua que reproduz desigualdades de gênero, raça e classe.

VIII - O EU NO TU

ALMA MATERIAL

IX – *Exclude me in – Include me out*

ALMA MATERIAL

IX - EXCLUDE ME IN - INCLUDE ME OUT

Este não é o momento de as mulheres darem declarações: elas têm muito o que fazer e ainda teriam que falar uma língua que não é a sua, uma língua que lhes é tão estrangeira quanto hostil
Lucilla Saccà, *Ketty La Rocca, I suoi scritti*[1]

O «ele» não engloba o «ela». A lição se torna uma instrução. Para causar impacto, tive que deslocar esse «ele». Tornar-se «ela» é tornar-se parte do movimento feminista. Uma feminista torna-se «ela», ainda que já tenha sido chamada assim, quando ouve neste termo uma recusa do «ele», uma recusa da sua promessa de inclusão
Sara Ahmed, *Living a Feminist Life*[2]

---

1 L. Saccà, *Ketty La Rocca, I suoi scritti*. Turim: Martano, 2005.
2 S. Ahmed, *Living a Feminist Life*. Durham: Duke University Press, 2017.

Em 1971, em meio a manifestações feministas pelos direitos das mulheres, as estudantes da Harvard Divinity School protestaram contra o uso do pronome «He» [Ele] como termo genérico para definir Deus ou qualquer pessoa. O chefe da cadeira de linguística, Cal Watkins, escreveu então um documento, assinado junto com seus colegas, pedindo que acalmassem os ânimos, a ansiedade e a «inveja do pronome». A inveja do pronome deriva da «inveja do pênis» tal como Freud a formulou: os dois suscitariam conjuntamente a mesma histeria descabida. A inveja do pronome é o outro nome do «falogocentrismo». As mulheres, ao contrário, não reivindicam a obtenção do espaço masculino nem do pênis, e sim que a sua existência seja reconhecida tanto na sociedade quanto na linguagem.[3]

Em 1976, a artista estadunidense Carolee Schneemann publicou o texto «The Pronoun Tyranny» [A tirania do pronome] na terceira edição da revista *The Fox*;[4] ela relembra o diferente tratamento histórico reservado às mulheres no campo da criação; a desvalorização, a destruição e o soterramento a que são submetidas. Ela denuncia a rigidez do pronome masculino, a masculinização das mulheres que conquistam algum reconhecimento, o valor de exceção que confirma a regra, a linguagem que as imobiliza dentro do molde masculino.

Em 1973, a artista italiana Ketty La Rocca, geralmente associada ao movimento da *poesia visiva* (poesia visual) do Gruppo 70, inseriu sua mão na radiografia de seu crânio[5] posicionando sua traqueia na extensão

---

3   A. Livia, *Pronoun Envy, Literary Uses of Linguistic Gender*. Oxford: Oxford University Press, 2001.

4   Reproduzido em B. W. Joseph (org.), *Carolee Schneemann, Uncollected Texts*. Nova York: Primary Information, 2018.

5   Para se sustentar financeiramente, Ketty La Rocca trabalhava como auxiliar de radiologia.

do seu punho (*Craniologia*, 1973). Ela escreve em preto, sobre o branco do raio X, a palavra «You» [Tu], como se contornasse a imagem, repetindo-a tantas vezes quanto necessário para sobrepor a ela uma nova linha da vida. Movimento visual de uma escrita inclusiva, ainda que marcando uma exclusão: do Tu ao Eu, do interior ao exterior, da escrita à fotografia, do significante ao significado. *The you has already started at the border of my I.*[6] A mão é inserida no crânio, a escrita é inserida na fotografia, e vice-versa; podemos inverter as coisas indefinidamente, como uma luva tanto conceitual quanto prática.

Nos anos 1970 e 1980 na Itália, mulheres artistas, escritoras e críticas de arte[7] lutaram contra a escravização da língua e o obstáculo que o sexo biológico representou ao longo de suas carreiras. Ketty La Rocca não teve apoio financeiro real durante sua curta vida, e morreu aos 38 anos de idade devido a um tumor cerebral.

Em 1974, a artista italiana Tomaso Binga (pseudônimo masculino adotado em 1970 por Bianca Pucciarelli Menna em resposta ao sexismo do mundo da arte) produziu a colagem *Autofoto biografica*. Colocadas em uma moldura de poliestireno expandido, material por excelência das embalagens de eletrodomésticos, duas colagens idênticas representam duas câmeras Hasselblad 6×6, de cujas lentes sai uma mão segurando um cabo disparador. As duas aberturas na moldura de poliestireno revelam páginas de manuscritos que parecem psicografados, impossíveis de decifrar. Essa obra remete a uma outra,

---

6 Citação de Ketty La Rocca e título do catálogo publicado por ocasião de sua exposição na feira Art Basel 2015, incluindo obras raras da série *Craniologia*. [Em tradução livre: O tu já tinha começado na fronteira do meu eu. (N. T.)]

7 Incluindo, entre outras: Carla Accardi, Mirella Bentivoglio, Elena Gianini Belotti, Tomaso Binga, Carla Lonzi, Ketty La Rocca, Lucia Marcucci, Giulia Niccolaim e Lea Vergine.

da série *Pretty Girls*, da artista inglesa Linder Sterling (Linda Mulvey, cujo pseudônimo também é masculino, como Tomaso Binga), produzida em 1977. O corpo de uma mulher nua, agachada em uma pose escultural, retirando garrafas de bebidas de um bar de madeira, carrega no lugar da cabeça uma câmera Halina 3000 – lente apontada para o espectador ou para a espectadora, como uma ferramenta de vigilância. Produzida pouco mais de uma década depois, *Reach* (1986) é uma fotocolagem da série *Phantom Limb* [Membro fantasma], em que vemos a artista e cineasta estadunidense Lynn Hershman Leeson posar de joelhos, uma mão estendida em direção ao observador ou observadora, uma câmera de fole Balta Baldix 6×6 no lugar da sua cabeça. No visor, uma imagem invertida a mostra na mesma posição antes da mutação: vemos seu rosto intacto antes de ser substituído pela câmera. Na lente, ela aparece como em um medalhão, a mão na frente do rosto.

Das quatro fotocolagens mencionadas, aquelas feitas pelas artistas italianas evocam uma inclusão frustrada e impossível da mulher na arte, enquanto Linder Sterling aborda claramente a noção de vigilância e controle do corpo feminino, desde a época da escultura grega até a era contemporânea, denunciando o *male gaze* [olhar masculino]:

> Quando criança, meus primeiros contatos sexuais permitiram que eu desenvolvesse minha aptidão aguçada para discernir o desejo masculino. Aos cinco anos de idade, eu poderia ter dito a Laura Mulvey tudo o que ela gostaria de saber sobre o olhar masculino e muito mais. Nós compartilhamos o mesmo sobrenome, Laura e eu. Ela devia ter dezoito anos quando eu tinha três. Mais tarde, passei a devorar os escritos de mulheres como ela. Aos dezesseis anos, comecei a ler Germaine Greer, Eva Figes, Kate

Millett e Betty Friedan, Mary Daly, Barbara Walker, Penelope Shuttle, Marion Woodman, Nor Hall e a me interessar pelo trabalho da artista Penny Slinger. Sem elas, eu teria continuado no meu conjunto habitacional me entupindo de valium e *smarties*.[8]

Dez anos mais tarde, Lynn Hershman Leeson parece acrescentar a esse debate uma crítica mais contundente à tecnologia. A crítica às mídias, entretanto, fazia parte das questões levantadas por Ketty La Rocca, dado que era uma ávida leitora do teórico da comunicação canadense Marshall McLuhan e se interessava em pensar a relação entre linguagem e poder.

A mutilação e a masculinização da língua andam de mãos dadas com a manutenção da ordem existente e da circulação dos poderes – tanto no espaço público quanto no privado. Portanto, não é de espantar que se encontre esse tipo de preocupação no centro do *Manifesto di Rivolta femminile*, escrito em 1970 pela crítica de arte e escritora Carla Lonzi, pela artista Carla Accardi e pela jornalista e ativista Elvira Banotti:

> A mulher como sujeito não rejeita o homem como sujeito, mas o rejeita como papel absoluto. […]
> O homem sempre falou pela humanidade, mas metade da população mundial hoje o acusa de sublimar uma mutilação.[9]

Dois anos após o manifesto, Carla Lonzi aponta os mecanismos de manutenção desse *statu quo ab antiquo*

---

[8] L. Sterling, «A Northern Soul», *Frieze Magazine*, n. 135, 2010.

[9] C. Accardi, E. Banotti, C. Lonzi, *Manifesto di Rivolta femminile*, Disponível em: <https://www.internazionale.it/notizie/2017/03/08/manifesto-di-rivolta-femminile>. Acesso em: set. 2022.

e defende a *autocoscienza* feminista – cujo *leitmotiv* «Io sono te, tu sei me» [Eu sou tu, tu és eu] propõe uma coloração mais inclusiva do que a repetição do «You» na obra de La Rocca.

> Tendo induzido na espécie vencida a necessidade de sua aprovação, o homem fez da mulher uma sombra que, desprovida da confiança de que pode tomar corpo, se projeta sobre ele.[10]

Uma obra de Tomaso Binga, *Carta da Parati* [Papel de parede], produzida em 1976, torna particularmente explícita a invisibilização da mulher na linguagem e na sociedade. Usando um vestido feito do mesmo papel com que cobriu as paredes da galeria – onde deixou espaços em branco sobre os quais interveio escrevendo –, a artista se funde ao ambiente e recita várias vezes o poema «Io sono una carta» [Eu sou um papel]. A performance faz referência à expressão italiana que se traduziria mais ou menos como «virar papel de parede»,[11] empregada para se referir à situação das mulheres que, não tendo sido tiradas para dançar no baile, ficavam desesperadamente presas às paredes.

---

10 C. Lonzi, «De la signification de l'autoconscience dans les groupes féministes», trad. francesa Eleonora Selvatico, *Vacarme*, 2016. Disponível em: <https://vacarme.org/article2963.html>. Acesso em: set. 2022.

11 O que remete ao romance protofeminista de Charlotte Perkins Gilman, *O papel de parede amarelo*, escrito em 1892. Com base em sua experiência pessoal, ela descreve o sofrimento de uma mulher cuja depressão pós-parto é negada e a quem é prescrita um tratamento de repouso. Ela projeta suas frustrações e sua raiva no papel de parede do quarto em que é obrigada a ficar: «Por muito tempo fui incapaz de distinguir o que era aquela coisa em segundo plano, aquele subpadrão indistinto, mas agora estou bastante certa de que se trata de uma mulher». Cf. C. P. Gilman, *O papel de parede amarelo*. Trad. Diogo Henriques. Rio de Janeiro: José Olympio, 2016.

IX – EXCLUDE ME IN – INCLUDE ME OUT

Io sono una carta a quadrettini	*Eu sou um papel milimetrado*
Io sono una carta colorata	*Eu sou um papel colorido*
Io sono una carta velina	*Eu sou um papel de seda*
Io sono una carta strappata	*Eu sou um papel rasgado*
Io sono una carta assorbente	*Eu sou um papel absorvente*
Io sono una carta vetrata	*Eu sou um papel abrasivo*
Io sono una carta opaca	*Eu sou um papel fosco*
Io sono una carta perforata	*Eu sou um papel perfurado*
Io sono una carta trasparente	*Eu sou um papel transparente*
Io sono una carta piegata	*Eu sou um papel dobrado*
Io sono una carta semplice	*Eu sou um papel normal*
Io sono una carta bollata	*Eu sou um papel selado*
Io sono una carta da imballaggio	*Eu sou um papel de embalagem*
Io sono una carta da lettera	*Eu sou um papel de carta*
Io sono una carta da baratto	*Eu sou um papel barato*
Io sono una carta, un cartoncino, una cartuccia	*Eu sou um papel, uma cartolina, um cartucho*
E va sparata	*e devo ser disparado*
Boom!	*Boom!*

A incapacidade de tomar corpo diz respeito, assim, tanto à linguagem quanto à sociedade, e as duas são indissociáveis. Uma das fundadoras da Libreria delle donne [Livraria das mulheres] em Milão, a escritora e filósofa Luisa Muraro, propunha que se abordasse diferentemente a questão do lugar das mulheres: «Se me posiciono de acordo com a perspectiva genealógica da mãe, se me avalio em função da relação que mantenho com uma mulher, se acima do poder estabelecido coloco a autoridade feminina – se crio um símbolo –, eu crio, assim, um outro mundo, mais prático e mais realista. Esse mundo já existe para muitas de nós».[12]

Esse mundo, que existe mais para algumas pessoas do que para outras, hoje cria um lugar para si mesmo no corpo do próprio texto com o uso da escrita inclusiva que manifesta a inclusão almejada ao mesmo tempo que explicita a exclusão. O uso do ponto mediano «·»[13] me parece interessante na medida em que torna a separação visível, ao mesmo tempo que sugere a sua superação. Se o olho colide com ele inicialmente, na sequência acaba por deslizar sobre ele, e o cérebro se acostuma a essa escrita visual. Sua presença é um lembrete constante da continuação necessária de uma luta que está longe de ter um fim.

Entre as críticas dirigidas à aplicação da escrita inclusiva, levarei duas em conta, dado que elas foram ou estão sendo produzidas no campo da teoria queer: podemos encontrá-las nas obras de Paul B. Preciado e Sara Ahmed.

No *Manifesto contrassexual*,[14] Preciado alerta: «A questão não reside em privilegiar uma marca (feminina ou neutra) para levar a cabo uma discriminação positiva,

---

[12] L. Muraro, «La politica è la politica delle donne», *Via Dogana*, vol. 1, 1991.

[13] A autora se vale desse recurso no texto em francês quando utiliza termos biformes para se referir a um grupo de indivíduos. Ao inserir o ponto mediano, adiciona como extensão da palavra a sua forma feminina e o plural, como em «ami·e·s», procedimento que em português se reproduziria como «amigo·a·s». Uma vez que tal prática não é corrente em nossa língua, privilegiamos, nesta tradução, outras soluções para manter o princípio da escrita inclusiva, entre elas: referir-se a «todos e todas», «amigos e amigas» etc.; empregar substantivos que não sejam biformes, dando, por exemplo, preferência ao termo «pessoas» em vez de «humanos», e assim por diante. [N. T.]

[14] P. B. Preciado, *Manifesto contrassexual: práticas subversivas de identidade sexual*. Trad.: Maria Paula Gurgel Rodrigues. Rio de Janeiro: Zahar, 2022.

nem em inventar um novo pronome capaz de escapar da dominação masculina e designar uma posição de enunciação inocente, uma origem nova e pura para a razão, um ponto de partida do qual poderia surgir uma voz política imaculada. O que é precisa fazer é sacudir as tecnologias da bioescritura do sexo e do gênero, assim como suas instituições».

Como disse acima, a escrita inclusiva (que se utiliza de barras ou pontos medianos) tem, acredito, uma importância reparadora, tal como defendi em um livro anterior, *La Fiction réparatrice* [A ficção reparadora]. Nesse sentido, trata-se de um procedimento que torna visível em um mesmo gesto a fratura e o reparo, a legibilidade e a ilegibilidade, à maneira do *kintsugi* japonês, a arte de reparar porcelanas quebradas realçando a fratura ao colar os cacos com pó de ouro, formando fios dourados entre as partes acidentadas. Assim, a escrita inclusiva não é feminina, é feminista, e busca incluir o máximo possível de vozes em uma frase. Este é precisamente o poder da ficção: fazer vacilar a ordem das perspectivas, conjugar o máximo possível de perspectivas.

Sara Ahmed lembrava em 2012 que: «Talvez a promessa da diversidade esteja vinculada aos corpos que 'parecem diferentes' estando, ao mesmo tempo, desvinculada desses corpos como um sinal de inclusão (se eles são incluídos pela diversidade, então todos e todas nós também seremos). A promessa da diversidade poderia ser descrita, então, como um problema: o signo da inclusão faz com que os signos da exclusão desapareçam».[15]

Enquanto a escrita inclusiva continuar a ser um sinal e uma visibilização das persistentes separações arbitrárias machistas e heterocêntricas da sociedade, ela terá

---

15 S. Ahmed, *On Being Included. Racism and Diversity in Institutional Life.* Durham: Duke University Press, 2012.

uma razão de ser. Sara Ahmed não fala, nessa citação, sobre a escrita inclusiva, mas sobre o achatamento das diferenças que ameaça, na sociedade contemporânea, a ilusão da inclusão.

Nas palavras de Ahmed, percebo sobretudo uma correspondência com o que Ariella Aïsha Azoulay aponta no início de seu livro *Potential History* (2019), a saber: o desaparecimento de identidades consideradas problemáticas. De origem judaico-palestina, Azoulay foi naturalizada israelense pelo governo de Israel. Hoje, ela rejeita essa identidade falseada e achatada que contribui para a erradicação e o desaparecimento da população palestina, em um procedimento orquestrado pelo Estado de Israel. Da mesma forma, o risco de desaparecimento que paira sobre línguas não universalizantes, como as línguas crioulas, é um sinal do apagamento cultural que devemos combater e contra o qual artistas e escritoras de origem africana e/ou caribenha se mobilizam.

Em uma entrevista com Zineb Ali-Benali e Françoise Simasotchi-Bronès, a escritora Maryse Condé também problematiza sua relação com a língua, que é simultaneamente indígena e colonizada: «Não acredito de forma alguma na dicotomia unanimemente aceita que prega: língua materna, crioulo; francês, língua colonizadora. Poderíamos fazer coro com Marina Tsvetáieva e dizer que 'nenhuma língua é língua materna' (especialmente para um escritor ou escritora). [...] Eu me sentia culpada de usar o crioulo. Era uma transgressão, uma desobediência a meus pais. No fim das contas, essa língua talvez tivesse um poder que o francês, que era usual, permitido, não tinha. Mas, quando retornei a Guadalupe, percebi que tinha que ir além desse prazer um tanto 'doentio'. Eu possuía as duas línguas. Como é que elas se confrontavam com a minha vida e a minha experiência? E, nesse ponto, tentei separar as coisas. O crioulo era uma parte do meu ser, ele me formava, ele também havia me formado. Talvez a minha relação com ele merecesse ser esclarecida. Tentei fazê-lo em meus escritos e cheguei à conclusão de que uma escritora, aos poucos, inventa e forja sua própria língua. Maryse Condé escreve (e também fala) na língua Maryse Condé».[16]

Se questões que envolvem a inclusão e exclusão continuam no centro das lutas pelos direitos ainda não conquistados das mulheres, elas se combinam, na língua, com o apagamento de outras histórias e outras culturas não hegemônicas. Lugar da discórdia e da reparação, a língua falada e escrita representa o desafio de unir simultaneamente e em um mesmo gesto entidades que o poder se esforça para manter separadas.

---

16 Z. Ali-Benali e F. Simasotchi-Bronès, «Le Rire créole: entretien avec Maryse Condé», *Littérature*, vol. 2, n. 154, 2009.

ALMA MATERIAL

X – Não se preocupe, só vou ler pra você as melhores partes

Como agir quando nos assumimos como responsáveis por outra mulher, seja ela nossa filha, parente ou amiga? Como transmitir, ao mesmo tempo, a raiva e a esperança, a revolta e a alegria? São questões me coloco também como mãe da minha filha. Em um mundo, em uma França que, hoje, todos os dias, nos faz odiá-la pela forma como a vemos por meio de figuras que deveriam nos representar, pela forma como é ficcionalizada, encenada, para nós, por quem está no poder; e que queremos amar pela maneira tal como se apresenta nas ruas, em meio às manifestações, em alguns de nossos livros e até nos espaços expositivos, pela forma como queremos sonhar com ela. Devo citar novamente minha amiga, a filósofa Yala Nadia Kisukidi: «Uma vez eliminadas as linguagens da autenticidade e da traição, torna-se possível o engajamento em práticas e políticas que dão poder e força. E, para tanto, primeiramente é preciso mentir. Mentir muito. Recusar o tribunal da verdade que diz como as coisas são e quais caminhos devem seguir. Escrever é fazer isto: queimar o tribunal». Já trouxe essa citação anteriormente, mas peço a vocês que a leiam e reflitam novamente. Precisamos nos contar histórias para poder viver.

    Maggie Nelson conta em *The Red Parts* sobre o assassinato de sua tia Jane Mixer e o julgamento do caso 35 anos depois, quando a polícia finalmente prendeu um suspeito. Ela se lembra, nesse livro, de um cartão-postal que sua mãe lhe enviou quando ela tinha acabado de publicar um livro de poesia. No cartão, lia-se uma citação de Joan Didion: «Nós nos contamos histórias para poder viver». Maggie prega o postal na parede velha do pequeno quarto que ocupa para sempre se lembrar do apoio de sua mãe. Mas, de tanto olhar pra ele, fica confusa, não escreve histórias, não quer contá-las, desconfia delas. Nelson questiona o discurso de um jornalista da televisão que lhe diz que ela poderia ajudar muitas pessoas se contasse a história do assassinato de sua tia. Ela segue com as suas reflexões até chegar finalmente ao cartão-postal:

> Alguns anos depois de receber o postal da minha mãe, me pus a ler o ensaio que Didion escreveu entre 1968 e 1978, *O álbum branco*. Eu sabia que ele começava com a frase «Nós nos contamos histórias para poder viver». Me surpreendi ao descobrir que, já no fim do primeiro parágrafo, o texto começava a tomar outro rumo: «Ou, pelo menos, é o que fizemos durante certo tempo» As páginas seguintes relatam uma crise – da própria Didion e da cultura. O texto termina da seguinte maneira: «escrever ainda não me ajudou a entender o que isso significa». Tenho a certeza de que minha mãe sabia como o ensaio terminava. Ela escolheu compartilhar comigo só o seu começo.[1]

Esta passagem do livro de Nelson remete a uma obra em particular da artista Ree Morton, intitulada *Don't Worry, I'll Only Read You the Good Parts* (1975). A carreira artística de Ree Morton iniciou-se tardiamente e terminou de forma abrupta. Ela desenvolveu a sua obra entre 1968 e 1977, quando morreu em um acidente de carro. Casou-se jovem com um oficial da marinha e teve três filhos. Por dois anos acompanhou o curso de Artes da Universidade de Rhode Island e acabou se separando do seu marido em 1968, quando se mudou para a Filadélfia, continuou a estudar e, em 1972, pediu ao ex que cuidasse de seus filhos. *Don't Worry, I'll Only Read You the Good Parts* é um tecido pintado a óleo no formato de um pequeno maiô amarelo amassado e com detalhes metálicos. Duas alças, uma delas enfeitada com uma grande margarida e as palavras «Don't

---

[1] M. Nelson, *The Red Parts*. Minneapolis: Graywolf, 2016 [2007].

worry, I'll only read you the good parts» escritas em preto dispostas em três linhas sobre o pequeno maiô. *Não se preocupe, só vou ler pra você as melhores partes*. Uma mensagem irônica de uma mulher que teve que deixar de lado a sua vida como mãe para poder fazer arte. Uma obra feita três anos depois de suas duas filhas e seu filho voltarem a morar com o pai. Essa frase remete às histórias que contamos às crianças para fazê-las dormir e à sua reescrita, às mentiras carinhosas que contamos para poupá-las antes do sono reparador. Contar a si mesma ou a outras pessoas histórias embelezadas funciona apenas por um tempo, como disse Joan Didion, especialmente se essas histórias servem para encobrir uma realidade social e política.

Em *Zami*, Audre Lorde também se lembra das mentiras que sua mãe contava, ou melhor, dos ajustes que ela fazia na realidade para proteger seus filhos do racismo:

> Quando criança, lembro que um som em particular fazia com que eu me encolhesse toda: a fricção rouca e gutural que geralmente precedia uma explosão nojenta de cuspe cinza sobre o meu casaco ou sapato. Minha mãe o limpava com os pedacinhos de jornal que sempre carregava em sua bolsa. Por vezes ela reclamava das pessoas de classe baixa que não tinham bom senso nem boas maneiras e que cuspiam pro alto por aí, me causando a impressão de que aquela humilhação era totalmente aleatória. Nunca me passou pela cabeça duvidar dela. Até que alguns anos depois, enquanto conversávamos, eu disse: «Já reparou que as pessoas não têm cuspido tanto pro alto como faziam antigamente?». E o olhar da minha mãe mostrou que eu me aventurava por aqueles lugares dolorosos e secretos sobre os quais não se deve falar nunca. Isso era tão característico da minha mãe quando eu era pequena: se ela não conseguia fazer

X - NÃO SE PREOCUPE, SÓ VOU LER PRA VOCÊ AS MELHORES PARTES

com que as pessoas brancas parassem de cuspir na sua filha porque ela era negra, ela insistiria em criar para esse fato um outro motivo. Geralmente, era assim que ela se relacionava com mundo: mudando a sua realidade. Se você não pode mudar a realidade, mude a forma de percebê-la.[2]

As histórias que precisamos nos contar para seguir em frente são aquelas que foram escondidas de nós, aquelas que se tornaram invisíveis ou que desapareceram, e, além dessas histórias que precisam ser trazidas à tona, é preciso reescrever outras que foram escritas e perdidas, ou que nem mesmo foram escritas. Em seu texto «L'Obligation de parler des photographies non prises» [O dever de falar sobre fotografias não feitas], Ariella Aïsha Azoulay analisa a não representação fotográfica dos estupros e outros feminicídios perpetrados pelas forças israelenses contra mulheres palestinas. Ela cita como exemplo o trabalho da fotógrafa israelense Efrat Shalem, que na década de 1990 tirou quinze fotos de lugares onde mulheres foram mortas por seus maridos. Azoulay evoca a «imaginação civil» para compreender o contexto de surgimento do acontecimento fotográfico e nos convida a tirar fotografias imaginárias para preencher as lacunas na representação visual: «É inútil procurar fotos censuradas ou testemunhos que só poderíamos obter de pessoas que não podem mais testemunhar. [...] O uso civil dos atributos da fotografia como uma forma de encontro e para além de qualquer vontade soberana de controlar o que nela será registrado diz respeito a um desejo de interpretar o passado a partir de um ponto de vista que não seja o do regime do desastre – e de descrevê-lo com termos que contestem o discurso que esse

---

2 A. Lorde, *Zami: A New Spelling of My Name*. Berkeley: Crossing Press, 1982.

regime defende. É uma tentativa de contestar suas reivindicações, evocando uma linguagem civil que esse regime se recusou constantemente a reconhecer».[3]

A imaginação civil de Ariella Aïcha Azoulay aproxima-se da fabulação crítica defendida por Saidiya Hartman em seu texto «Venus in Two Acts», publicado em 2008. Mais recentemente, em um texto publicado em 2019 intitulado «The Plot of Her Undoing» [O complô pela sua derrota],[4] Hartman opera de forma poética e política uma enumeração das opressões, das humilhações, dos silenciamentos e das múltiplas violências sofridas por mulheres negras ao longo dos tempos, e se propõe a «desfazer o complô» colocando em prática a fabulação crítica.

---

[3] A. Azoulay, «L'Obligation de parler des photographies non prises», em D. Zabunyan (org.), *Les Images manquantes*. Paris/Marselha: Le Bal/Images en manœuvres, 2012 (Carnets du Bal n. 3). (Agradeço a Maxime Boidy por ter me indicado este livro e por tê-lo escaneado para mim.)

[4] Texto encomendado para o site *Feminist Art Coalition* como parte da seção «Notes on Feminism». Disponível em: <https://feministartcoalition.org/essays-list/saidiya-hartman>. Acesso em: set. 2022.

X – NÃO SE PREOCUPE, SÓ VOU LER PRA VOCÊ AS MELHORES PARTES

Ree Morton, *Don't worry, I'll only read you the good parts*, 1975.
Óleo sobre tecido sintético, 137 × 66 cm.

«O complô pela sua derrota começa quando ele dorme com sua melhor amiga, quando agride a sua filha, quando se recusa a usar o preservativo, quando abre a porta do seu quarto à força. O complô pela sua derrota começa com o pedido de casamento e o anel, com a bela festa de casamento, com o olho roxo e o lábio azulado, com a promessa de nunca mais fazer isso, com a solidão que mata, com o tédio e a vergonha, com o inventário de traições. O complô pela sua derrota começa com os direitos do feto reivindicados, com o útero tratado como fábrica, com o seu corpo tratado como instrumento do futuro dele, para benefício dele. Começa com os seus esforços para destruí-la. Começa quando ele a chama de puta, quando ele a chama de má, quando promete voltar atrás, quando ele a agarra pela buceta, quando a machuca. Quando ele sussurra você é minha, minha, minha.» O ensaio soma sete páginas, e é mais ou menos na metade da quinta página que a repetição muda de «O complô pela sua derrota» para «a derrota do complô»: «A derrota do complô começa porque ela não vai fazer merda nenhuma. Ela não será o pássaro na gaiola, não será a mulher negra no púlpito, a negra modelo, uma peça na engrenagem. [...] A derrota do complô começa com sua língua correndo solta, com suas mãos estendidas, com as canções compartilhadas por todos os territórios não livres e pelas terras ocupadas, com as promessas de amor que impulsionam a luta, com a visão de que *esta terra amarga pode ser bem diferente do que parece*».[5]

Não se preocupe, só vou ler pra você as melhores partes.

---

5   Referência à canção de Dinah Washington, *This Bitter Earth*, de 1959.

Agradecimentos

À minha filha, Naomi Arlix, cujos pés metidos nos meus sapatos de salto aparecem na fotografia que abre o último capítulo deste livro.

Às minhas amigas e amigos:
Adèle Cassigneul
Daniella Shreir
Yala Nadia Kisukidi
Mylène Ferrand
Mélanie Gourarier
Valérie Gérard
Callisto McNulty
Lilou Vidal
Maxime Boidy

Às artistas e escritoras que responderam às
minhas perguntas:
Moyra Davey
Rosalind Nashashibi
Lucy Skaer
Saidiya Hartman
e Deborah Cherry, em nome dos herdeiros de Maud Sulter

A Lucas Roussel
e François Piron

ALMA MATERIAL

Créditos

p. 62: © Estate of Francesca Woodman / Charles Woodman / Artists Rights Society (ARS), Nova York & Adagp, Paris.

p. 108: © Ciné-Tamaris, Paris.

p. 114: Cortesia de Moyra Davey, greengrassi, Londres, e Galerie Buchholz, Berlim / Colônia / Nova York.

pp. 126-7: Cortesia de le peuple qui manque, Paris.

p. 130: Cortesia de Alexander Gray Associates, Nova York. © Lorraine O'Grady / Artists Rights Society (ARS), Nova York & Adagp, Paris.

p. 134: Coleção privada.
© The Estate of Maud Sulter.

p. 181: Fotografia de Joerg Lohse.
© Estate of Ree Morton, cortesia Alexander and Bonin, Nova York.

Este livro contou com o apoio de uma bolsa de pesquisa em Teoria e Crítica da Arte do Centre National des Arts Plastiques.

Este livro deve ser alocado nas seções de Estudos Feministas e de Gênero das livrarias e bibliotecas.

ALMA MATERIAL

ALMA MATERIAL

ÉMILIE NOTÉRIS é uma autora e tradutora nascida em 1978. Os seus livros mais recentes são *La Fiction réparatrice* (UV Éditions, 2017), *Macronique, les choses qui n'existent pas existent quand même* (Cambourakis, 2020), *Wittig* (Les Pérégrines, 2022). *Alma Matériau* foi publicado originalmente em 2020.

1 Legacy Russell, *Feminismo glitch*
2 Émilie Notéris, *Alma material*

Dados Internacionais de Catalogação na Publicação (CIP)
(Câmara Brasileira do Livro, SP, Brasil)

Notéris, Émilie
 Alma material / Émilie Notéris ; tradução Fernanda Morse. -- Belo Horizonte, MG : Editora Âyiné, 2024.

 Título original: Alma matériau
 ISBN 978-65-5998-114-4

 1. Artes visuais 2. Feminismo 3. Modernismo (Arte) I. Título.

23-159011   CDD-701.1

Índices para catálogo sistemático:
1. Artes visuais : Ensaios 701.1
Eliane de Freitas Leite - Bibliotecária - CRB 8/8415

Composto em Suisse Works e Suisse Int'l
Belo Horizonte, 2024